Relacionamentos adictivos

vício e dependência do outro

LYGIA VAMPRÉ HUMBERG

São Paulo
2016

Conselho Editorial deste livro:
Daniel Kupermann (USP)
Eduardo Leal Cunha (UFS)
Fabio Belo (UFMG)
Julio Sergio Verztman (UFRJ)
Maria Isabel de Andrade Fortes (PUCRJ)
Monica Macedo (PUCRS)
Richard Simanke (UFJF)

Dados Internacionais de Catalogação na Publicação (CIP)
(Câmara Brasileira do Livro, SP, Brasil)

Humberg, Lygia Vampré
        Relacionamentos adictivos : vício e dependência
do outro / Lygia Vampré Humberg. -- São Paulo :
Editora CLA, 2016.

        Bibliografia.
        ISBN 978-85-85454-69-2

        1. Comportamento compulsivo 2. Dependência (Psicologia)
3. Psicanálise 4. Psicanálise - Estudo de casos 5. Psicologia
clínica 6. Psicopatologia 7. Vícios - I. Título.

16-06234   CDD-150 . 195

Índices para catálogo sistemático:
1. Adicções : Conceito psicanalítico   150 . 195

Editor: Fabio Humberg
Editora assistente: Cristina Bragato
Capa: Odilon Moraes
Revisão: Humberto Grenes

Produção: Editora CLA Cultural Ltda.
Tel: (11) 3766-9015
e-mail: editoracla@editoracla.com.br / www.editoracla.com.br

Ao meu marido **Leopoldo,**
com quem, com muita alegria, partilho a vida e
o amor. Sem seu suporte, incentivo e carinho,
teria sido impossível concluir este trabalho.

Aos meus filhos
Nina Flor, minha linda e amada guerreira,
que nasceu enquanto eu desenvolvia a pesquisa,
virando nossa vida de ponta-cabeça
e mostrando uma inacreditável força
de luta para poder desabrochar;

e **Tom**, meu menino lindo e inteligente,
que, desde que nasceu, encheu minha vida
de uma felicidade e de um amor que
eu não imaginava que existissem.

Aos meus enteados
João, que, com seu jeito afetivo, logo ajudou
a integrar a família e se fazer tão amado;

e **André**, nosso pioneiro, que, curioso, vai
para a vida abrindo as portas para os irmãos.

Agradecimentos

À Yvette Piha Lehman e ao José Gonçalves Moura, pelo grande apoio; ao Decio Gurfinkel, pelo acompanhamento nos estudos das adicções, pelas ótimas sugestões na banca de doutorado e pelo prefácio do livro; ao Daniel Kupperman e ao Flávio Ferraz, pelo acompanhamento na banca de doutorado.

Ao meu querido amigo Odilon Moraes, pelo lindo presente que foi a capa deste livro.

Ao Luiz Meyer, que foi a primeira pessoa que me ajudou a entender o que era um relacionamento adictivo.

A todos os muito queridos amigos do Espaço Potencial Winnicott do Instituto Sedes Sapientiae, pelo conhecimento compartilhado e por tanto afeto e cuidado constantes.

Ao meu Grupo de Suporte, incrível fonte de sustentação, aprendizado e troca.

À Comissão de Organização do Interlocuções, grupo de grande amizade, trabalho e conhecimento.

À minha família, fonte constante de carinho, alegria e ajuda.

Ao meu querido grupo de amigos da PUC, à Fernanda Z. e a todos os outros amigos que estiveram ao meu lado.

À Nalva e a toda a equipe da Psicologia Social, pela imprescindível ajuda e pelo enorme carinho.

Ao Fabio Humberg, pela intensa dedicação na confecção do livro.

À Capes, pelo apoio financeiro.

**As pessoas usam drogas e álcool
não somente para escapar,
mas para encontrar a si mesmas.**

(Eigen, 2011, p. 17)

ÍNDICE

Prefácio, por Decio Gurfinkel 9

INTRODUÇÃO 19
Aspectos gerais 19
O problema dos relacionamentos adictivos 24
Enquadre teórico 32
Os exemplos clínicos 36
Plano de desenvolvimento do livro 39

CAPÍTULO 1.
Aspectos gerais da compreensão psicanalítica das adicções e dos relacionamentos adictivos do ponto de vista de Freud e Klein 41
1.1. Aspectos gerais da compreensão de Freud sobre as adicções 42
1.2. Alguns desenvolvimentos da perspectiva estabelecida por Freud para a compreensão das adicções 52
1.3. Aspectos gerais da teoria de Klein para a compreensão das adicções 58
1.4. Alguns desenvolvimentos da perspectiva kleiniana para a compreensão das adicções 62

CAPÍTULO 2.
Aspectos gerais da compreensão psicanalítica das adicções e dos relacionamentos adictivos do ponto de vista de Winnicott e McDougall 73
2.1. A compreensão de Winnicott sobre as adicções 74
2.2. A compreensão de McDougall sobre as adicções e os relacionamentos adictivos 89
2.3. A adicção e os relacionamentos adictivos como busca de si mesmo .. 102
2.4. A adicção como uma atitude antissocial 104

CAPÍTULO 3.
Alguns aspectos teóricos da prática clínica 107
3.1. Aspectos gerais do método de tratamento psicanalítico 108
3.2. O método de atendimento psicanalítico focado na questão das relações de objeto 110

3.3. A perspectiva de Winnicott: o método focado nas relações de dependência com o ambiente 115

3.4 Algumas características específicas do atendimento de casais, definidos e delimitados em função do objeto de estudo 119

3.5. Aspectos clínicos da constituição do casal e de seu tratamento 123

CAPÍTULO 4.
Análise dos casos clínicos focados na questão dos relacionamentos aditivos 127

4.1. Considerações gerais sobre o que é um caso clínico em psicanálise .. 127

4.2. Análise dos casos clínicos 131

    4.2.1. Casal 1 – Doce Veneno 132

    4.2.2. Exemplos de relacionamentos aditivos: aspectos patológicos e saudáveis desse tipo de procura de solução existencial 166

        a) Casais adictos à vida conjugal centrada em brigas 167

        Exemplo 1 (briga). Luta desencontrada 171

        Exemplo 2 (briga). Triste sorriso nas fotos 177

        Exemplo 3 (briga). Intenso desamparo 182

        b) O casal que tem nos filhos a sua droga 187

        c) O indivíduo adicto à conquista 189

        d) O indivíduo que precisa estar casado (mesmo não estando) 193

        e) O indivíduo que não pode estar casado (não consegue se relacionar), mesmo precisando ("ninguém é suficiente para mim") 196

        f) O casal que procura ajuda, mas não consegue chegar até o tratamento 197

        g) Quando o relacionamento aditivo tem resultados saudáveis 199

5. CONSIDERAÇÕES FINAIS 205

5.1. As adicções 205

5.2. Os relacionamentos aditivos 208

5.3. O tratamento do ponto de vista psicanalítico na perspectiva de Winnicott 209

5.4. A profilaxia do ponto de vista psicanalítico na perspectiva de Winnicott 210

Referências bibliográficas 217

Prefácio

Relacionamentos adictivos: um novo objeto para a pesquisa em psicanálise

Os *relacionamentos adictivos* constituem um tema de grande relevância. Ainda que pouco discutido, creio que tal tema ganhará cada vez mais a atenção e o interesse de psicanalistas, pesquisadores e clínicos em geral. A expressão "relacionamentos adictivos" foi originalmente utilizada, nestes termos, por Joyce McDougall, em mais uma de suas grandes intuições e invenções teórico-clínicas; mas ela remonta ao trabalho de analistas que a precederam e, certamente, abre um grande leque de questões para as pesquisas futuras.

Antes de tudo, devemos lembrar que os *relacionamentos adictivos* concernem à problemática do amor e suas patologias. É difícil que alguém não se sinta atraído pelo tema, dada sua onipresença tanto na clínica quanto nas artes e na vida. Sabemos como, aqui, a fronteira entre universal/"normal" e patológico é problemática, a começar pela difícil distinção entre *amor* e *paixão*. Como um parâmetro inicial, podemos conceber a paixão como uma espécie de "amor tóxico", a partir de um fértil paralelo entre paixão e adicção[1]. Se em toda sexualidade encontramos um certo grau de fetichismo, também encontramos, em todo amor, alguma dose de adicção – uma fixação ao objeto que nos lembra um estado de escravização. A partir de qual *turning point* o amor se torna uma espécie de vício ou "servidão voluntária", na qual se oferecer a ser "amarrado" – ou mesmo "aprisionado" – pelo outro faz parte de um jogo a um só tempo atraente e arriscado? "Ata-me" – assim suplica a famosa personagem do filme de Almodóvar, já então apaixonada e "amarrada" por seu sequestrador. Nos paradoxos da paixão, êxtase, martírio, devoção, entrega e vício se entrecruzam de maneira complexa.

O estudo dos relacionamentos adictivos concerne, também, ao campo teórico-clínico das adicções, e representa um significativo avanço nas pesquisas.

Como um ponto de partida fundamental, devemos compreender que as adicções constituem um campo clínico de grande complexidade, e com um estatuto

---

1. Desenvolvo extensamente esta proposição em *Adicções: paixão e vício* (Gurfinkel, 2011).

psicopatológico paradoxal: *o paradoxo da unidade na diversidade*. Ao mesmo tempo em que reconhecemos uma *unidade* em termos de um tipo de funcionamento psíquico mais ou menos regular, também devemos reconhecer a existência de uma *diversidade* de grupos clínicos de adictos, de acordo com a organização psicopatológica de fundo (neurose, psicose, perversão ou caso-limite). Ora, o que caracteriza e "dá unidade" conceitual ao fenômeno da adicção não é o objeto usado, mas – parodiando Winnicott – *o uso que se faz do objeto*. Nas adicções, observamos uma inclinação irrefreável para um tipo específico de "uso do objeto", com as seguintes características: uma ação de caráter claramente impulsivo, uma fixação exacerbada ao objeto à maneira fetichista, um estado de escravização e inversão da lógica sujeito-objeto e uma espécie de "neo-necessidade" (curto-circuito do arco pulsional). Tais elementos são acompanhados, em algum grau, de um "colapso do sonhar" – desmanche significativo da função simbolizante do psicossoma –, e de processos de defesa do tipo maníaco e dissociativo.

Ora, a partir dessa recolocação do conceito de adicção, observamos como são variadas suas formas de apresentação, e como ela pode se dar com os mais diversos tipos de objetos: substâncias psicoativas, jogo, comida, a própria sexualidade, o trabalho, a internet, o celular e, também... uma outra pessoa! Assim, os "relacionamentos adictivos" nada mais são do que o *vício pelo outro*. A prática clínica nos ensina, também, como em muitos casos encontramos com frequência adicções a mais de um objeto, seja de modo simultâneo, seja de modo sucessivo; é o que se observa facilmente na clássica situação do compulsivo alimentar que, após se submeter a uma cirurgia bariátrica, torna-se alcoolista, ou do cocainômano que, ao interromper o uso da droga, torna-se viciado em jogo. O mesmo se dá com os relacionamentos adictivos, pois, como veremos neste livro, frequentemente encontramos o uso abusivo de substâncias psicoativas interagindo e complicando esse tipo de vício pelo outro, além de outras formas de adicção concomitantes; muitos dos relacionamentos adictivos são "regados" e potencializados pelo uso de coquetéis psicoativos, em uma espécie de *ménage à trois*.

Isto nos leva a outro tópico relevante: qual é o *protótipo* que norteia nossa concepção de adicção? Até pouco tempo, a tendência mais natural era tomar a toxicomania – a adicção a drogas – como o protótipo de todas as adicções. Hoje, essa posição não é mais tão evidente, já que dependendo do ponto de vista que adotamos, ela pode variar. Assim, ao estudarmos a "paixão oral" – as ditas compulsões alimentares – sob o ponto de vista freudiano das pulsões, compreendemos que tais adicções podem bem ser tomadas como o protótipo último de toda adicção, uma vez que esta pode ser compreendida como uma sofreguidão oral e uma neo-necessidade, na qual todo o campo do desejo e da sexualidade reflui para a dimensão da autoconservação e das funções vitais. Pois, em toda adicção, o objeto passa a ser consumido segundo a lógica primária da necessidade, como se fosse uma questão de sobrevivência: ele é ardentemente incorporado como se fosse um alimento indispensável para a sobrevivência psicossomática do sujeito.

Por outro lado, ao estudarmos as adicções segundo o ângulo pós-freudiano das relações de objeto, *podemos considerar o relacionamento adictivo o verdadeiro protótipo de toda adicção.* Assim, se uma mãe instiga seu bebê a uma relação crônica de dependência, privando-o de desenvolver recursos para conquistar, paulatinamente, sua autonomia, podemos dizer que ela fomenta, logo de início, um relacionamento adictivo, que servirá como modelo e fator predisposicional para a emergência das mais variadas formas de adicção na infância, adolescência e vida adulta. Creio que essa virada que vê nos relacionamentos adictivos o protótipo de toda adicção pode significar um importante avanço para o campo da psicanálise das adicções.

Outro aspecto fundamental a ser considerado, no que se refere ao estudo dos relacionamentos adictivos, é a pertinência de inseri-lo em uma visão mais ampla da psicopatologia e da natureza humana. Considero de fundamental importância trabalhar a correlação entre as adicções e diversos outros quadros clínicos, inserindo a psicanálise das adicções no campo mais amplo de uma concepção de psicopatologia geral e interligada, assim como de uma teoria geral sobre o psíquico e o humano; ora, também neste quesito o estudo dos relacionamentos adictivos pode vir em nosso auxílio.

Uma visão mais ampla, considerada nestes termos, é relevante por diversos motivos. Em primeiro lugar, devemos cuidar de não "fetichizar" a clínica das adições, considerando-a como um campo teórico e clínico único e destacado do resto – seja de outras formas de organização psicopatológicas, seja da experiência humana em geral. O mito de que só aquele que experimentou a força avassaladora do vício pode entender e tratar um dependente químico – tão propalado em centros de tratamento e grupos de autoajuda – carrega sempre um quê de messianismo de natureza esotérica, que reflete, em parte, o próprio imaginário criado e alimentado pela cultura das adições. Um outro "de fora" do mundo das drogas – e munido de uma escuta analítica sensível somada a uma formação direcionada para o estudo das adicções – talvez esteja em uma posição *outra*, que agrega elementos novos e indispensáveis. Trata-se de uma espécie de "terceiro" do duo Eu/objeto-droga, que conjuga a intangibilidade da experiência adictiva com a possibilidade de um salto de qualidade na direção de uma economia psíquica, dentro do possível, minimamente autossustentável.[2]

Em contraste com isto, uma concepção mais ampla da psicanálise das adicções tem nos levado a estudá-la em suas correlações com diversos outros quadros mais ou menos aparentados, buscado articular entre si tais formas clínicas de organizações dentro do que tem se convencionado chamar de "clínica contemporânea". Diversas interfaces significativas entre tais quadros e as adicções são pertinentes: a compreensão das adicções como modalidades de "patologia do agir", a sua correlação com os transtornos psicossomáticos (cf. Gurfinkel, 2001), ou uma aproximação possível entre elas e o fronteiriço. Neste último ponto, o trabalho mais recente de Marcelo Soares da Cruz (2016) nos proporciona um *insight* relevante, ao conceber a problemática fronteiriça como uma forma de adicção ao outro. Tal trabalho é um bom exemplo de como o estudo dos relacionamentos adictivos pode contribuir para o avanço de uma "psicopatologia comparativa e compreensiva", psicanalítica e contemporânea. Aqui, muitas são as aberturas frutíferas para a pesquisa, que deixo apenas indicadas a fim de oferecer ao leitor um rápido vislumbre do panorama que se abre diante de nossos olhos.

Cabe ressaltar, ainda, como o tema dos relacionamentos adictivos, compreendido sob o ângulo do pensamento das relações de objeto, permite-nos estudar não apenas a "clínica dos vícios", mas também os "vícios na clínica". Estes constituem um capítulo à parte, muito pouco explorado e de grande relevância. Em primeiro lugar, trata-se de estudar as formas selvagens de transferência em que se estabelece um relacionamento adictivo com o analista, seja concomitante ou não a uma conduta adictiva com outros objetos. Freud provavelmente

---

2. No entanto, é preciso aqui reconhecer os próprios limites: pois se trata, neste caso e sempre, de um trabalho de redução de danos.

foi a primeira "vítima" desse fenômeno tão desafiador quanto assustador, ao se deparar com o "amor de transferências" de suas pacientes histéricas. Mas é preciso considerar, também, o vício do lado do analista: pois este também pode, muitas vezes, fomentar e se alimentar inconscientemente do convite a um pacto adictivo por parte do paciente; aqui cabe um cuidadoso e contínuo exame contratransferencial para nortear o manejo do caso. Ora, o fenômeno geral da *dependência na transferência* nos conduz à situação mais perturbadora e patológica da "adicção de transferência" – uma modalidade específica de relacionamento adictivo, que pode se manifestar tanto na situação analítica clássica quanto na situação de tratamento institucional. Trata-se dos sempre potenciais "vícios na clínica", aos quais estão sujeitas as piores e as melhores famílias!

Bem, o tema dos relacionamentos adictivos nos conduz, por fim, a um outro campo de estudos extremamente fértil e importante: a clínica das terapêuticas vinculares. Esta é, justamente, a vertente adotada por Lygia Humberg no presente livro.

À medida que compreendemos as adicções como, essencialmente, uma problemática relativa às patologias da dependência, tornamo-nos cada vez mais conscientes da importância e necessidade de não nos atermos a uma abordagem terapêutica exclusivamente individual, já que o fenômeno da dependência sempre implica a coparticipação dos diversos parceiros na dinâmica relacional. Somos conduzidos, assim, a nos dedicar às formas de intervenção clínica calcadas no vínculo, a saber: a psicoterapia de casal e família e, eventualmente, o tratamento grupal. Do ponto de vista dos modelos conceituais, já não mais nos basta um olhar sobre as adicções que se atenha ao campo do intrapsíquico; faz-se necessário complementá-lo com uma abordagem da dimensão intersubjetiva necessariamente presente.

O trabalho de Lygia Humberg vem perseguindo essas pegadas há muitos anos. Em sua dissertação de mestrado, ela dedicou-se a estudar, sob a ótica da psicanálise, a chamada "co-dependência". Essa expressão um tanto "leiga" tornou-se popular no movimento dos Alcoólicos Anônimos e se disseminou pelos grupos de autoajuda, e demonstra um importante *insight* que esses grupos têm do fenômeno clínico em causa. Ao lado do adicto/dependente, frequentemente encontramos um "co-dependente", que parece viver em função dos cuidados do adicto, mas que no fundo é, também, a seu modo, tão dependente quanto este. Ele depende de que haja este outro para ser cuidado, assim como a mãe que instala um relacionamento adictivo com seu bebê é, no fundo, visceralmente dele dependente. Em seu estudo, Humberg concluiu que a codependência é, fundamentalmente, uma "dependência do vínculo".

Em sua tese de doutorado, que originou o presente livro, Humberg deu seguimento a essa pesquisa, desta vez com muito maior aprofundamento. O seu objetivo foi estudar o fenômeno adictivo no contexto do atendimento psicoterápico de casais. Trata-se de pesquisa extremamente original e inédita, realizada com a propriedade e o rigor necessários.

Lygia nos apresenta, de início, uma extensa e cuidadosa retomada da bibliografia psicanalítica sobre o tema das adicções. Ela parte das sugestões deixadas por Freud para compreender o fenômeno adictivo, prossegue por um levantamento sobre a contribuição kleiniana sobre o assunto, e chega ao pensamento de Winnicott, que é eleito por ela como o carro-chefe da fundamentação teórica de seu trabalho. A obra desse grande pensador é retomada em detalhe, desde sua teoria sobre as patologias da transicionalidade – hoje bem reconhecida como uma matriz clínica importante para se entender as adicções –, até outras regiões não tão diretamente associadas à clínica das adicções, como a teoria da tendência antissocial e a problemática mais primitiva da constituição do *self*. Os trabalhos de Joyce McDougall sobre as adicções, bastante inspirados nas hipóteses de Winnicott sobre a transicionalidade, são, então, revisitados, dando ensejo à apresentação do conceito de *relacionamentos adictivos* propriamente dito. Esse percurso apresentado por Lygia será certamente bastante útil para o leitor, por introduzi-lo e situá-lo com propriedade nesse campo teórico-clínico tão complexo – e em geral pouco visitado por psicanalistas e clínicos.[3]

Mas a grande surpresa e a maior contribuição de seu trabalho vêm em seguida, quando a autora nos apresenta um extenso e rico material clínico de atendimento psicoterápico de casais, de uma forma ou de outra "comprometidos" com a questão da adicção. A ampla experiência da autora e sua capacidade de utilizar os modelos teóricos para compreender os fenômenos clínicos aqui

---

3. Em meu livro anteriormente citado (Gurfinkel, 2011), dediquei também um capítulo à apresentação e discussão do conceito de *relacionamentos adictivos*, após uma retomada da história conceitual da psicanálise das adicções, em percurso bastante semelhante ao realizado por Lygia no presente livro.

sobressai, e o resultado é estimulante. Como o leitor mesmo poderá constatar, encontramos, nesse vasto e diversificado material, uma base muito propícia e oportuna de se estudar os *relacionamentos adictivos*. Por um lado, Lygia procura destacar, a partir do material clínico, aquilo que já havia sido proposto sobre o tema pelos analistas que desenharam tal conceito; mas, para além disto, ela nos brinda com um significativo desenvolvimento e ampliação do que já havia sido anteriormente discutido.

Bem, e é aqui nos deparamos, segundo minha apreciação, com sua contribuição mais original e relevante. Em seu estudo, Lygia constrói uma espécie de "tipologia" de relacionamentos adictivos, descrevendo e discriminando diversas situações e formas em que eles podem aparecer: os casais – tão comuns! – cujo eixo do relacionamento adictivo gira em torno das brigas; os casais que tem nos filhos a sua droga – configuração clínica extremamente importante; o indivíduo adicto à conquista, dentre muitos outros. Não é o caso aqui de detalhar tais "tipos"; deixo ao leitor o prazer e a surpresa da descoberta. Muitas das descrições da autora serão facilmente reconhecidas pelo clínico praticante, o que nos dá, de saída, a medida do valor do modelo por ela desenvolvido. No entanto, o que permanece como uma tarefa futura é um aprofundamento na discussão sobre o que significa, do ponto de vista teórico, essa tipologia; trata-se de uma proposta de diferenciação diagnóstica? Como não incorrer no risco de uma espécie de estigmatização de perfis que, quando não é acompanhada de um olhar crítico, pode reforçar estereótipos e reproduzi-los no imaginário social, como já tão amplamente ocorre com a figura do "drogado" e da "família do drogado"?

Ao percorrermos o trabalho de Lygia, deparamo-nos com diversas proposições interessantes e estimulantes, das quais destaco, aqui, algumas.

No que tange aos paradoxos que cercam a patologia e a saúde das relações de casal, a autora nos propõe que um relacionamento, ainda que adictivo, pode conter também um poder curativo. Esta me parece uma visão muito interessante, e que nos conduz a uma indagação de fundo: podemos supor que toda parceria amorosa comporta tanto uma faceta adictiva quanto uma faceta de autocura? É claro que, neste campo minado, corremos sempre o risco de cair na armadilha ilusionista de apostar em uma "cura pelo amor", optando por um atalho que tenta evitar o árduo trabalho de uma "cura pela fala". Ora, este é o projeto que, afinal, subjaz ao amor de transferência, e que, como bem sabemos, se assenta sobre o terreno movediço de uma fantasia alienante – e esta é uma clássica lição freudiana, que não devemos nunca esquecer.

Mas, como que em um contraponto, devemos também recorrer ao pensamento de Winnicott. Pois ele sustentou a possibilidade de um trabalho espontâneo de "cicatrização" [*healing*] das formações psicóticas quando se encontra um ambiente curativo, assim como concebeu o sintoma antissocial como uma busca inconsciente de cura por um ambiente capaz de oferecer uma "segunda chance" ao sujeito. Assim, uma mãe que tenha "falhado" em um primeiro momento é frequentemente convocada, em um segundo tempo, a realizar um trabalho terapêutico com seu próprio filho – trabalho que pode ser mais ou menos bem sucedido. Será que uma parceria amorosa, ainda que um tanto adictiva, pode revelar-se também "suficientemente boa", ao proporcionar aos sujeitos envolvidos uma "segunda chance" de construção de uma parceria reciprocamente alimentadora e propiciadora de crescimento psíquico individual de cada um?

E o que significa, afinal, "tratar" e "curar" no campo das psicoterapias vinculares de casal? O trabalho de Lygia nos oferece um rico material para prosseguir nessas indagações. Acompanhando os relatos clínicos, vemos como os processos psicoterápicos de casais – sobretudo aqueles em que a "coisa" adictiva é mais acentuada – são tantas vezes truncados, e sujeitos a sobressaltos, impasses e interrupções – bem à moda dos relacionamentos adictivos. Diversas questões técnicas emergem: quando e como combinar terapêuticas vinculares e atendimentos individuais? Até onde temos que trabalhar com uma estratégia de "redução de danos", valorizando as acomodações possíveis e minimamente produtivas dos relacionamentos adictivos, por vezes bastante distantes dos nossos ideais de "cura"?

Aliás – e parafraseando Pontalis –, que loucura é essa de querer curar a loucura alheia? Ou, no presente caso: que loucura é essa de desejar curar as paixões humanas, que ganham estranhas formas nos relacionamentos adictivos? A meta de "curar a dependência" me parece um grande paradoxo, já que a condição de dependência é o que caracteriza o humano. Mas se faz necessário, aqui, acrescentar o ponto de vista genético do desenvolvimento humano. No percurso de uma vida, observamos um processo de transformação significativa: partindo do desamparo inicial do bebê, cada indivíduo percorre uma longa e árdua jornada, visando a construção possível de uma situação de interdependência mais horizontalizada e menos verticalizada. Ora, as patologias da dependência – que têm nas adicções o seu protótipo – são derivadas de perturbações e extravios nesta jornada que é a de todos nós. Neste contexto, a função da psicoterapêutica psicanalítica é operar sobre os nós impeditivos de tal processo de transformação, buscando melhores condições para uma retomada de sua marcha – seja do lado de cada indivíduo, seja do lado das diversas parcerias amorosas nas quais estes se aventuram.

Para finalizar, gostaria de propor que o estudo dos relacionamentos adictivos nos auxilia, ainda, a melhor compreender e redescrever qual é a meta e a ética que deve orientar, a meu ver, o trabalho psicanalítico de modo geral, a saber: *a construção de uma autossustentabilidade psicossomática*.

Isto nos leva a uma nova e promissora vertente da pesquisa, a ser explorada no futuro. A autossustentabilidade é um tema fundamental do debate contemporâneo, cujas vertentes socioeconômica e ecológica são cada vez mais ressaltadas. Ora, o psicanalista pode e deve também entrar nesse debate, indagando: como se constrói a autossustentabilidade do ponto de vista do sujeito psicossomático? Qual é a relação desta com a construção de uma capacidade para o autocuidado? Isto nos levaria a uma grande revisão da teoria, a começar pela teoria freudiana das pulsões e o lugar da autoconservação e do corporal na mesma, passando por uma releitura significativa da teoria do narcisismo e, já no campo pós-freudiano, aportando em uma redescrição ampla do processo de desenvolvimento humano, agora sob o prisma da problemática da dependência e da construção de um "*self* que cuida". Bem, neste contexto – e seguindo o método tantas vezes recorrido por Freud de compreender os fenômenos humanos universais através de um contraponto com as formações patológicas correspondentes –, podemos *tomar a adicção como o protótipo psicopatológico da insustentabilidade*. Pois, enquanto dependência patológica e escravização em relação ao objeto, ela nada mais é do que a expressão sintomática de uma falência da autossustentabilidade, denunciando a *insustentabilidade fundamental* do sujeito em causa.

Neste prefácio, quis ressaltar o quanto os relacionamentos adictivos significam um novo e promissor objeto de pesquisa para a psicanálise, e assinalei algumas sugestões de temas para futuras linhas de investigação – trabalho a que nos sentimos estimulados a nos engajar. Penso que o rico e inovador estudo de Lygia Humberg, que o leitor tem agora em mãos, se insere nessa nova tradição de pesquisa em psicanálise que, em seus primeiros passos, já começa a fazer história.

Decio Gurfinkel

Referências:

Cruz, Marcelo Soares. (2016). *Adicção ao outro em pacientes fronteiriços: um estudo psicanalítico.* Tese de Doutorado, Departamento de Psicologia Clínica do Instituto de Psicologia da Universidade de São Paulo.

Gurfinkel, Decio. (2011). *Adicções: paixão e vício.* São Paulo: Casa do Psicólogo.

Gurfinkel, Decio. (2001). *Do sonho ao trauma: psicossoma e adicções.* São Paulo: Casa do Psicólogo.

INTRODUÇÃO

Aspectos gerais

Este livro tem como objetivo compreender as características das *relações adictivas*, analisando casos em que a relação conjugal é vivida como se fosse um tipo de adicção.

Proponho, inicialmente, apresentar uma compreensão das adicções com base na perspectiva proposta por Donald Winnicott, para quem a adicção é um tipo de problema relacionado com falhas na fase da transicionalidade. Em seguida, baseada nos desenvolvimentos dessa perspectiva feitos por Joyce McDougall, procuro colocar em evidência esse fenômeno que ela mesma denominou como sendo os *relacionamentos adictivos*. Nessa direção, procuro mostrar que os relacionamentos adictivos correspondem a modos de defesa contra três tipos de angústia, a saber: as angústias impensáveis, as que derivam de falhas na vivência dos fenômenos transicionais e, por fim, a deprivação, num momento em que os indivíduos já têm uma certa organização psíquica que torna possível a distinção Eu-Não-eu. Ao final, dedico-me a exemplificar diversos modos de viver os relacionamentos adictivos, mostrando que estes podem ser patológicos mas que também, em alguns casos, podem levar a um tipo de sustentação mútua que contribui para o amadurecimento.

Há uma vasta literatura e uma diversidade de propostas de entendimento e de tratamento das adicções baseadas na teoria psicanalítica. Este trabalho tem como objetivo contribuir para um dos aspectos do entendimento e do tratamento das adicções do ponto de vista da psicanálise. Como primeiro modo de aproximação, neste sentido, recorro ao estudo de Victor Eduardo Silva Bento, que não só retoma um Freud pré-psicanalítico debruçando-se sobre as adicções, mas também se refere ao fato de Freud ter considerado a existência de *paixões tóxicas*, o que, evidentemente, faz apelo e tem eco com o tema dos relacionamentos adictivos, objeto de minha pesquisa. Ao caracterizar qual é o sentido das contribuições de Freud, para o entendimento e solução do problema das adicções, ele diz:

> Caberia desde já esclarecer que Freud não propôs nenhuma teoria das toxicomanias, tampouco das "adicções", e muito menos das "paixões tóxicas". No entanto, podem-se encontrar neste autor algumas referências ao alcoolismo, às toxicomanias e, sobretudo, ao termo alemão "*sucht*", traduzido para o francês por "*addiction*", e para o português por "adicção", remetendo ao sentido de "dependência", em sentido amplo. (Bento, 2007, p. 91)

Bento dedicou-se ao estudo das contribuições de Freud anteriores a 1900, procurando demonstrar que:

> [...] desde os primeiros escritos de Freud, no período pré-psicanalítico mesmo, já se pode extrair uma concepção de "toxicomania em sentido amplo", isto é, uma toxicomania com e sem droga, um sentido "tóxico" das paixões em geral, e uma referência indireta à noção da "paixão amorosa tóxica", mais precisamente, àquilo que talvez se possa compreender como sendo uma comparação entre a "paixão amorosa tóxica" e a "adicção à hipnose". (Bento, 2007, pp. 92-93)

Uma das coisas percebidas, na análise do texto de Freud, é que ele usa uma linguagem (*hábito*, *dependência*) que parece ultrapassar a questão específica da adicção química, colocando, assim, o problema de uma forma mais ampla:

> Mais precisamente, ao importar os termos "hábito" e "dependência", especificamente utilizados para se referir à substância química, para o campo das relações humanas, associando-os, então, respectivamente, à hipnose e ao médico hipnotizador, Freud estará utilizando-os num sentido mais amplo e, assim, propondo uma noção

de "toxicomania sem substância química", uma "toxicomania sem droga". Freud (1905 [1890], "Tratamento Psíquico") escreve efetivamente: "hábito da hipnose e da dependência em relação ao médico". (Bento, 2007, pp. 99-100)

Aprofundando essa perspectiva, Bento aproxima-se da análise da paixão como um modo de estar do indivíduo *submetido a alguém ou a algo*, a paixão como uma escravidão, o adicto como um escravo, considerando, pois, que há uma analogia funcional entre a "paixão" e a "adicção" (Bento, 2007, pp. 101-102). Na conclusão de seu artigo, Bento afirma: "Acredita-se que os principais sentidos atribuídos por Freud às toxicomanias e às paixões tóxicas em geral já estavam presentes no período pré-psicanalítico" (Bento, 2007, p. 121).

No aprofundamento da análise da literatura psicanalítica dedicada ao tema das adicções, haveria um percurso amplo e multifacetado, histórico e conceitual, a ser feito, caso fosse meu objetivo apresentar uma análise histórico-crítica das teorias psicanalíticas sobre as adicções[1]. Mas não é esse o meu objetivo. Tendo um foco e um problema clínico específico, apresentarei uma das concepções psicanalíticas sobre o que são as adicções, como uma alternativa que considero útil e eficaz para compreender e tratar desse problema.

Grosso modo, creio que abordar as adicções do ponto de vista da psicanálise significa reconhecer a existência determinante dos processos psíquicos inconscientes, a importância da sexualidade e do complexo de Édipo, a presença estrutural dos impulsos amorosos e destrutivos, a compulsão à repetição, os fatos da transferência e a resistência tanto nas relações afetivas como no tratamento psicoterápico. Mais ainda, não basta, para especificar quais são as minhas teorias de referência, indicar

---

1. Nessa direção, merecem destaque alguns textos considerados clássicos (Freud, 1930a; Glover, 1932; Knight, 1937; Radó, 1933; Simmel, 1929), outros que já fazem parte dos primeiros desenvolvimentos e aprofundamentos dessas perspectivas iniciais (Jacobs, 1986; Krystal, 1929; Rosenthal, 1987; Wurmser, 1974; Zinberg, 1929) e, por fim, uma literatura mais atual, que ampliou essas perspectivas (Gurfinkel, 1995, 2001, 2011; Kalina *et al.*, 1999; Loas & Corcos, 2006; Marinov *et al.*, 2001; McDougall, 1991, 1992, 1995a, 1995b, 2001).

o campo da psicanálise em geral, dado que há diversas perspectivas teóricas díspares nesse campo. A delimitação de meu quadro teórico implica especificar qual e por que uma determinada perspectiva psicanalítica foi escolhida como adequada para abordar o problema das adicções. Escolhi trabalhar com a perspectiva estabelecida por Winnicott e aprofundada por Joyce McDougall, pois estes apresentam uma teoria do desenvolvimento emocional focada no tema da dependência, na procura de si mesmo e na importância do ambiente. Assim, as adicções podem ser pensadas como busca de si mesmo, para além do princípio do prazer e sem que seja necessário um impulso destrutivo inato constituinte do ser humano.

A compreensão de Winnicott e McDougall não se apoia num incerto e especulativo impulso inato para a destruição ou descarga, mas na procura de algo bom, o que corresponde a uma perspectiva que me pareceu mais frutífera, tanto para o entendimento quanto para o tratamento desses pacientes, uma vez que dá um sentido mais positivo e objetivo para a sua procura, um objetivo que poderia ser alcançado por outros meios (o que não ocorreria caso o impulso básico fosse apenas a destrutividade da pulsão de morte). Diz McDougall, nesse sentido:

> para o "adicto" (quer sua adicção seja bulímica, tabágica, medicamentosa, alcoólica ou a dos opiáceos), seu objeto não é vivenciado como mau; pelo contrário, ele é procurado como significando tudo aquilo que é "bom", tudo aquilo que em casos extremos dá sentido à vida. (McDougall, 1992, p. 55)

Para caracterizar a terminologia usada neste trabalho, ressalto a opção pelo termo *adicto* em detrimento de outros como *viciado, toxicômano* ou *dependente químico*. Mesmo bastante usual, o termo viciado apresenta uma carga pejorativa. Por sua vez, o termo *toxicomania* tem como tradução possível o ato de se envenenar, algo que, como defendido aqui, o adicto não busca fazer, já que ele apenas procura ilusoriamente por intermédio das drogas algo que não encontra em si mesmo. Nas classificações psiquiátricas, são usados os termos *toxicômano* ou *dependente químico²*. O primeiro desses termos também apresenta um sentido pejorativo e está ligado a uma mania ou um vício que obscurece a dinâmica relacional e emocional em jogo; já o segundo termo poderia levar a confusões terminológicas, dado que o termo *dependência* será utilizado para referência a um tipo específico de relação com o outro. Quanto à grafia do termo *adição* ou *adicção*, deve-se observar que *adicção* tem sido usado com uma frequência maior entre os pesquisadores, especialmente os psicanalistas.

Joyce McDougall (1992, 2001) se refere ao *adicto* explicitando o sentido etimológico desse termo, associado à *escravidão*. Ou seja, o *adicto* é aquele que perdeu a possibilidade de escolher, é escravo de uma única solução para lidar com seus conflitos e suas angústias. Winnicott, por sua vez, não usa o termo *adicto*, mas se vale da expressão mais descritiva *vício em drogas* (1953c)³. Kalina (1999), um dos autores de referência no trato desse tipo de problema, comenta que o *addictu* era aquele que se assumia como marginal, alguém que não soube ou não pôde preservar o que lhe foi conferido como identidade. Gurfinkel (2011) também opta pelo termo *adicto*, dizendo que a *adicção é uma forma de escravização*: "o viciado perdeu sua capacidade de escolha, pois é incapaz de escolher entre usar e não usar o objeto" (Gurfinkel, 2011, p. 50).

Ao caracterizar como surgiu e como foi adotado o termo adicto, Pirlot comenta:

> O termo "adicção" teve sua primeira aparição oficial em 1932, num artigo de Glover ["On the Aetiology of Drug-Addiction"], que apresentava a adicção como pertencente aos estados limites, empregan-

---

2 Este trabalho defende a ideia de que, apesar dos prejuízos que geram, o indivíduo não consegue simplesmente parar de usar drogas. Ele permanece impulsionado por algo além de sua vontade consciente. Assim, não detalharei a caracterização que a psiquiatria faz das adicções, mas indicarei sua definição geral. De acordo com o DSM-4, a "característica essencial da Dependência de Substância é a presença de um agrupamento de sintomas cognitivos, comportamentais e fisiológicos indicando que o indivíduo continua utilizando uma substância, apesar de problemas significativos relacionados a ela".

3. A obra de Winnicott será citada a partir da classificação estabelecida por Hjulmand (1999, 2007), dado que essa classificação é a usada na publicação das obras completas de Winnicott, tal como informou Abram (2008).

do-o, pois, em um sentido estritamente limitativo: uma toxicomania é habituar-se a um produto. O termo foi retomado em 1945 por outros psicanalistas, como Fenichel ["Perversões e neuroses impulsivas"]. O termo "adicção", em sua atual acepção, floresceu nos países anglo-saxões segundo o modelo de Peele [1975, *Love and Adicction*], que, no entanto, não se refere nem à psicanálise nem à hipótese de um inconsciente. [...] Na França, o termo "adicção" começou a ser adotado pela psicanalista J. McDougall, que o usou pela primeira vez em 1978 para se referir a "adicto de sexualidade" [*Plaidoyer pour une certaine anormalité*], e depois por J. Bergeret. Com J. McDougall, pode-se falar em uma "economia psíquica da adicção" (2001). Entre esses indivíduos "escravos da quantidade", a resolução de conflitos não se faz de maneira simbólica ou psíquica, mas pela economia pulsional e/ou na excitação do corpo. (Pirlot, 2013, pp. 16-17)

Assim, usarei o termo *adicto* para me referir aos indivíduos que *perderam a capacidade de escolha* no que se refere ao uso de qualquer tipo de objeto que funcione de maneira semelhante às drogas.

Também é necessário distinguir entre usuários eventuais de drogas ou objetos similares e adictos propriamente ditos, bem como entre os diferentes tipos de adictos, caracterizando aspectos tais como a quantidade ou o tipo de adicção, a frequência, o modo de utilização, o fato de a pessoa conseguir ou não manter seu trabalho e suas atividades-responsabilidades cotidianas, o nível de perturbação que produz na sua família e em outras relações interpessoais, as reações corporais ao uso dessas substâncias, a presença ou não de comorbidades etc.

O problema dos relacionamentos adictivos

Há relações interpessoais (entre casais, pais e filhos, amigos etc.) que funcionam de maneira análoga à que caracteriza as adicções, o que já foi apontado e nomeado por McDougall como *relacionamentos adictivos* (1992, p. 61).

Esse tipo de relacionamento, que observei muitas vezes em minha prática clínica como psicanalista, tratando de familiares de adictos, que estabeleciam relações patológicas com estes, colocou-me questões tais como: o que uma pessoa busca ao estabelecer um relacionamento patológico deste tipo? Será a mesma coisa que procura o adicto a drogas? Qual a relação desse tipo de sintoma com a adicção a drogas? Qual a origem desse tipo de necessidade? Um relacionamento assim procura suprir que tipo de necessidade? Como cuidar dessa situação, tanto individualmente quanto em relação a um casal, ou uma família, no qual está presente esse modo de relacionamento?

Neste livro, analiso algumas situações clínicas, apoiada na minha prática clínica privada e em um caso de tratamento psicoterápico de um casal, realizados com base na teoria psicanalítica, para esclarecer como são os relacionamentos adictivos. Trata-se de um estudo que procura entender a dinâmica dos indivíduos envolvidos em relacionamentos adictivos, indicar que tipo de cuidados psicoterápicos poderiam ser úteis para tratar dessas pessoas e que cuidados poderiam ser dispensados para evitar o aparecimento desse tipo de sintoma.

Para explicitar o que são os relacionamentos adictivos, numa abordagem psicanalítica winnicottiana, é necessário retomar a compreensão do que são as adicções para essa perspectiva. Para isso, apresento não somente as propostas de Winnicott e McDougall, mas algumas das compreensões estabelecidas por Freud e outros psicanalistas que tornam mais claras as posições dos meus autores de referência. Além disso, procurando bem caracterizar meus atendimentos clínicos, apresento qual a perspectiva de trabalho psicoterapêutico praticada, o que implica fazer algumas considerações sobre o tratamento psicanalítico de casais e de famílias, bem como alguns esclarecimentos sobre o que é um caso clínico em psicanálise. Todos os desenvolvimentos teóricos propostos estão em função da compreensão da dinâmica dos indivíduos que desenvolvem relacionamentos adictivos e da ampliação da eficácia de seu tratamento psicoterápico.

Se, por um lado, retomo parte da história de desenvolvimento das teorias psicanalíticas sobre as adicções – tendo em vista a compreensão mais rigorosa de Winnicott e McDougall –, por outro, busco explicitar como são as dinâmicas individuais, conjugais e familiares dos casais e indivíduos com relacionamentos adictivos, dado que uma das características significativas do problema das adicções corresponde à influência do ambiente familiar.

Essa influência do ambiente familiar dos adictos tem sido reconhecida tanto como origem quanto como suporte fundamental para o tratamento das adicções. A família tem papel determinante na solução ou reiteração desse problema e/ou sintoma. Como diz Kalina (1999):

> A família, ou seus equivalentes, é cogeradora do fenômeno adictivo. Onde existem adictos, encontramos famílias nas quais, qualquer que seja a configuração que tenham, estão presentes a droga ou os modelos adictivos de conduta, como técnica de sobrevivência por um ou mais membros desse grupo humano. O modelo adictivo é oferecido, assim, ao ser em desenvolvimento, com ou sem drogas, já que o trabalho, a comida, o jogo, podem ser equivalentes delas, pelas modalidades adictivas que apresentam esse contexto. (1999, pp. 182-183)

Quando uso o termo "família", faço-o tanto num sentido amplo, considerando o ambiente de origem de cada paciente (pai, mãe, irmãos etc.), quanto em um sentido mais restrito, referindo-se ao núcleo conjugal estabelecido pelo paciente e seu cônjuge (com ou sem filhos). Meu foco está colocado na procura da explicitação do que ocorre nesse núcleo familiar conjugal, ainda que a referência à história de vida familiar de cada um dos membros dos casais atendidos seja necessária para a compreensão dos determinantes psicoafetivos dessas relações conjugais.

Há muitos aspectos da estrutura familiar que têm sido elencados como determinantes na gênese e na manutenção das adicções, desde a história infantil da relação dos adictos com seus pais e irmãos até os acontecimentos e conjunturas atuais que se referem ao contexto familiar. Schenker &

Minayo (2003, pp. 299-306) apresentam uma revisão crítica da literatura sobre a relação entre a adolescência, a família e o uso abusivo de drogas, concluindo que a família tem um papel importante na criação de condições relacionadas tanto ao uso abusivo de drogas pelo adolescente quanto aos fatores de proteção, que funcionam igualmente como antídoto quando o uso de drogas já estiver instalado. Elas afirmam ainda que as abordagens terapêuticas que envolvem a família no tratamento por uso abusivo de drogas são consideradas mais efetivas do que as abordagens que trabalham só com o indivíduo adicto (Schenker & Minayo, 2003, p. 301).

Ainda no sentido do reconhecimento da importância da família, Gurfinkel afirma:

> A contribuição do meio familiar na etiologia das adicções é inegável, e com uma nitidez que se sobressai. A saída adictiva como resposta à dor e aos desafios da realidade é de fato muito disseminada nessas famílias, assim como as perturbações significativas em sua estruturação – seja devido a acidentes e rupturas na história familiar, seja devido à própria fragilidade psíquica das figuras parentais – são frequentemente observáveis. (2011, p. 428)

A meu ver, é nesse núcleo familiar mais restrito do casal que parecem ser reeditadas, de forma condensada, outras situações familiares pregressas de cada um dos membros do casal; situações e modos de relacionamento que são, por assim dizer, costurados aos afetos e afazeres cotidianos da situação conjugal.

Comecei a observar as relações dos adictos e seus familiares quando trabalhei como psicóloga no Centro de Saúde Estadual de Santo Amaro, onde atendia adolescentes. Ali, observei que os jovens que procuravam atendimento psicológico eram, na maioria, filhos de adictos e percebi como muitos deles, mesmo com intenso sofrimento, repetiam os sintomas familiares. E entendi que, para compreendê-los melhor, precisava me aprofundar mais no estudo dos fenômenos adictivos. Com esse intuito, fui trabalhar no Grupo de Estudos de Álcool e Drogas (GREA) do Hospital das Clínicas da Faculdade de Medicina da Universidade de São Paulo (USP). Para melhor atender e compreender os familiares de adictos, formei, como dispositivo clínico de assistência e tratamento, um grupo para atender somente os familiares dos dependentes. Nesses atendimentos, notei que, além da repetição que via em alguns filhos de adictos, em outros casos os familiares apresentavam comportamentos e atitudes que contribuíam para a manutenção da adicção de um dos membros do grupo familiar. E observei isso mais profundamente nas relações conjugais: por exemplo, na fala de uma esposa de adicto que dizia: "eu sei que se eu comprar bebida para meu marido, ele vai beber, mas eu não consigo não comprar".

Notei também que alguns casais se separavam justamente quando a adicção havia sido superada, e que outros se separavam de um(a) adicto(a) para casar-se com outro(a). Para os próprios pacientes isso parecia estranho. Uma paciente me dizia: "meu pai é alcoólatra, como fui casar com outro, será que não bastou o que sofri com meu pai?" Ou outra, que já havia perdido vários empregos e que atribuía tal fato ao comportamento do marido ciumento (que ia ao seu trabalho fazer escândalos) e às faltas em decorrência dos problemas dele; a sua vida parecia girar muito mais em torno das questões e problemas do marido do que dela mesma.

Essas observações me intrigaram, pois, embora sendo evidente que esses cônjuges e/ou familiares de adictos precisavam de auxílio, eles não percebiam que eram parte integrante do sintoma e que, por isso mesmo, também precisavam ser tratados. Muitos chegavam reclamando exclusivamente do adicto, como se esse fosse o responsável por suas desgraças, apresentando-se, então, como vítimas da situação, sem perceber sua participação na produção ou manutenção do sintoma, ou o lugar que ocupavam no cenário da família.

Ao pesquisar o tema das adicções e das relações familiares com pacientes adictos, encontrei outros pesquisadores se referindo ao fenômeno da *co-dependência*, que tomei como objeto de pesquisa de minha dissertação de mestrado (*Dependência do vínculo, uma releitura do conceito de co-dependência*), defendida em 2004, na qual fiz uma revisão bibliográfica do que era compreendido como sendo a *co-dependência*. Pude, então, notar que esse termo, ainda que parecesse contribuir para compreender melhor algumas das dinâmicas das famílias de dependentes químicos, não tinha uma definição clara e distinta, compartilhada por estudiosos tanto das adicções quanto de suas famílias. Essa imprecisão ou diversidade de sentidos dada ao fenômeno da co-dependência me levou à necessidade de aprofundar seu entendimento, procurando um ponto de vista que pudesse considerar as determinações inconscientes advindas das relações familiares aí presentes.

Optando por me colocar do ponto de vista da psicanálise, pude verificar que esse termo (*co-dependência*) não era utilizado pelos psicanalistas, mas o fenômeno pelo qual eu me interessava (os relacionamentos adictivos) já era tratado por estes. Considerei, então, que um estudo clínico no qual fosse possível observar, do ponto de vista da teoria e da prática de tratamento psicanalítico (ou de base psicanalítica), o funcionamento de indivíduos casados ou não com adictos poderia ajudar a esclarecer algumas características e determinantes desses relacionamentos.

O estudo sobre a abordagem psicanalítica das adicções me mostrou que os psicanalistas vinham se ocupando desse tema desde 1930[4], e que alguns autores pareciam também reconhecer um tipo de sofrimento específico associado aos cônjuges de dependentes químicos, tal como aparece nos trabalhos de Joyce McDougall (1992, 1995a, 2001) e de Gurfinkel (2011). Esses autores afirmam que a maneira como o cônjuge lida com o adicto corresponde também a um relacionamento adictivo: "Uma maneira patológica que tem sido reconhecida como sendo um relacionamento adictivo, dado que há pessoas que apresentam regularmente uma espécie de dependência patológica em relação a outra, em geral um parceiro amoroso" (2011, p. 384).

Na minha experiência clínica, também já ouvira de alguns pacientes

---

4. Para um estudo detalhado sobre a história dos estudos psicanalíticos das adicções, ver Gurfinkel (2011).

uma formulação análoga a essa de Gurfinkel. Note-se, por exemplo, as falas de esposas de adictos:

> Nunca questionei se o amava, apenas se ele me amava. Nunca pensei em ser feliz, só em mantê-lo ali. Nunca pensei em minhas necessidades, apenas se podia atender as dele. Sentia que valia cada vez menos porque nada do que eu fazia era suficiente. Pensava que havia algo de errado comigo porque não podia satisfazê-lo. Eu me odiava por ser "fraca", não ter orgulho e aceitar um tratamento abusivo. Pensava que a melhor solução seria ele morrer, depois desejei a minha morte. Não tinha interesses além do nosso relacionamento. Sentia-me capaz de fazer qualquer coisa para tê-lo de volta. E sempre sofria. Via a diferença extrema entre o que eu pretendera ser e o que eu era na realidade. (Relato de esposa de adicto em sessão de grupo de autoajuda, retirado da conferência de Natércia Picanço, no Hospital das Clínicas, no Grupo de Estudos de Álcool e Drogas – GREA, em 1997)

> Eu não caso com homens que param para beber algumas cervejas depois do trabalho. Eu caso com homens que não trabalham. (Ellen, membro do Al-Anon). (Beattie, 1992, p. 21)

> O que acontece comigo? – ela pergunta. – Eu preciso de um corpo morto deitado na minha cama para me sentir bem comigo mesma? (Alice B., que já foi casada com dois alcoólicos). (Beattie, 1992, p. 96)

São falas que mostram claramente que há um problema clínico do cônjuge do adicto, associado às adicções, um problema também já nomeado como sendo o dos *relacionamentos adictivos*, ou ainda, das *personalidades dependentes*, tal como afirmam Loas & Corcos (2006). Para eles, esse quadro psicopatológico – abordado por diversas correntes teóricas (psiquiatria-biologia, psicanálise, cognitivismo-comportamentalismo e fenomenologia psiquiátrica) e cuja síntese procuram fazer em seu livro – admite diversos níveis de definição, cada um deles abordando um aspecto do problema e devendo ser estudado também de diversos pontos de vista, a saber: o categorial (tal como realizado no DSM, em suas diversas versões);

o dimensional (buscando descrever as relações entre a dependência e outras dimensões ou quadro psicopatológicos, para uma maior precisão na descrição categorial); e o *psicanalítico*, que aborda esse fenômeno (esse quadro ou categoria psicopatológica) a partir das dimensões econômicas e dinâmicas ligadas à estruturação psicológica do sujeito em ressonância com a história infantil e o impacto dos fatores ambientais (2006, p. 27).

Considerando esses diversos pontos de vista teóricos, possíveis para abordar esse problema, optei por me manter, teoricamente falando, no quadro da psicanálise do ponto de vista das propostas de Winnicott e dos desenvolvimentos feitos por McDougall, mas também centrada na análise de casos clínicos. A escolha desse ponto de vista se deu em função de alguns aspectos centrais colocados por esses psicanalistas: em Winnicott, há a importância dada ao ambiente e a indicação de que as adicções estariam relacionadas à atividade de busca de si mesmo (um dos aspectos centrais dos fenômenos transicionais); e em McDougall, que aprofundou a perspectiva de Winnicott, há a referência direta aos relacionamentos adictivos.

Assim, considerei que uma pesquisa apoiada em estudos de caso e sua compreensão teórica, com base nesses autores, poderia aprofundar e exemplificar o entendimento dessas dinâmicas patológicas. A observação clínica, possibilitada pelo atendimento psicoterápico (de base psicanalítica), poderia fornecer um material adequado para aprofundar a apreensão desse problema.

Ao longo deste livro, apresentarei vinhetas clínicas de atendimentos de pessoas que têm relacionamentos adictivos, sejam estes relacionados a outras adicções, como álcool ou drogas, ou não. Aqui indicarei apenas um exemplo ilustrativo, sem me aprofundar nos aspectos gerais do caso.

O exemplo corresponde ao de um casal no qual nenhum dos membros abusa de álcool, remédio ou outras drogas. Atendi individualmente à moça, que não podia fazer nada sozinha – não trabalhava, só ficava em casa –, e o marido a controlava por meio de um celular do tipo que mostra onde a pessoa está. Se eles saem juntos, não podem olhar para ninguém, ficando olhando para o chão, para a parede, com o intuito de evitar brigas, para que o outro nem possa pensar que estão olhando para alguém. Se um precisa ir ao toalete, o outro vai junto e espera na porta. Só podem se relacionar com pessoas casadas, não podem ter outros amigos. Durante o namoro, antes de ter esse celular que ajuda na vigilância constante, ela chegava a ficar, com frequência, esperando-o na porta da casa dele, por vezes até altas horas da noite, sozinha no carro, mesmo sendo perigoso, para ter certeza de que ele voltava para casa. Como um não pode perder o outro de vista (tal como uma criança pequena com sua mãe), um não pode aceitar que o outro seja algo diferente do que se espera, ocorrem, necessariamente, conflitos entre eles, gerando brigas imensas que chegam à agressão física (se um quer passear com o cachorro e o outro não, isso já pode ser motivo para que o outro *queira* passear com o cachorro; se um dos dois não atende o celular, idem), tamanho o desespero de perder o controle do outro. Em casos assim, ambos adoecem com facilidade, machucam-se, e infelizmente, até se matam, tentando colocar fim a esse sofrimento ou até mesmo como forma de punição ao outro. Essa descrição indica o tipo de patologia que considero ser um problema de grandes dimensões na atualidade.

Enquadre teórico

Por um lado, retomarei as teses fundamentais propostas por Freud e, por outro, especificarei alguns desenvolvimentos pós-Freud, escolhendo e delimitando essas apresentações em função da caracterização do entendimento psicanalítico proposto para a compreensão das adicções e dos relacionamentos adictivos. Não pretendo, nem acho necessário para meus objetivos, recapitular a história do desenvolvimento da compreensão das teorias psicanalíticas sobre as adicções, mas, sim, traçar um quadro de referência teórica e estabelecer o quadro de referência teórico-prática do ponto de vista de Winnicott e McDougall, que servirão como diretores das minhas análises e das minhas intervenções clínicas.

Para isto, certamente, também me apoiarei na história da compreensão psicanalítica das adicções, especialmente no que se refere às posições clássicas de Freud e Klein, fundamentos necessários para a compreensão de Winnicott e de McDougall. Cabe ressaltar, nesse sentido, que as contribuições de outros psicanalistas que abordaram esse campo de fenômenos, desenvolvendo o poder teórico e prático da psicanálise nessa seara, também serão parcialmente consideradas, mas apenas com a finalidade de contribuir para a compreensão de meu quadro de referência.

Em primeiro lugar e de um modo muito geral, mas determinante, trata-se de caracterizar a psicanálise como sendo a perspectiva que coloca, como fundamento do funcionamento da vida psíquica, as determinações advindas dos processos psíquicos inconscientes e a importância dada à sexualidade infantil e ao complexo de Édipo na história e atualidade da organização psíquica do ser humano (seja essa organização patológica ou não).[5]

No entanto, apenas dizer que me coloco do ponto de vista da psicanálise, mesmo que muito já seja dito ao marcar esse ponto de vista inicial, não é suficiente para bem delimitar a perspectiva de análise dos problemas que tentarei abordar, dado que ainda é necessário especificar qual tipo de perspectiva psicanalítica sobre as adicções adotarei.

Nesse sentido, procurando fornecer uma delimitação mais rigorosa, trata-se de marcar que será na perspectiva específica desenvolvida por Winnicott (1953c, 1953c [1951])[6] e aprofundada por Joyce McDougall (1992, 1995b, 2001) que teremos a referência básica para a compreensão teórica e a prática clínica que propomos aqui analisar.

---

5. Tal como diz Freud, referindo-se aos pilares da teoria psicanalítica: "A hipótese de processos anímicos inconscientes, o reconhecimento da doutrina da resistência e do recalcamento, o valor dado à sexualidade e ao complexo de Édipo são os conteúdos principais da psicanálise e os fundamentos de sua teoria, e quem não está à altura de subscrever a todos não deveria se contar entre os psicanalistas" (Freud, 1923a, p. 300). Para citar a obra de Freud, usarei a classificação estabelecida por Tyson-Strachey (1956), da forma como foi publicada na *Standard Edition*. Nessa classificação, cada texto de Freud tem um código específico, estabelecido em função da data de sua publicação e da ordem, no ano, em que foi publicado. Por exemplo, o artigo "As pulsões e seus destinos" será referido como 1915c.

6. Há duas versões desse texto de Winnicott, uma publicada em 1951 (1953c [1951]) e outra em 1953 (1953c). Nas duas, ainda que de forma diferente, ele associa o sintoma da adicção a falhas na fase da transicionalidade.

De uma maneira geral – nesta Introdução apresentada apenas de forma indicativa (dado que abordarei os detalhes dessa perspectiva teórica no primeiro capítulo) –, para Freud, as adicções e as relações adictivas são pensadas em termos dos modos de relação objetal, tal como ele descreve em termos das fases do desenvolvimento da sexualidade, especialmente focadas no seu texto referindo-se ao narcisismo (1914c) e no seu texto "Luto e melancolia" (1917e), colocando o objeto sempre como aquilo que atenderia ou frustraria o indivíduo em termos da sua vida pulsional. Melanie Klein, aprofundando essa perspectiva centrada nas relações de objeto impulsionadas pela vida sexual, redescreve as dinâmicas de relacionamento objetal em termos da sua teoria das posições, especialmente no que se refere ao modo de viver o amor e o ódio, na posição esquizoparanoide (vividos em separado) e na depressiva (juntos), como comentam Greenberg & Mitchell (1983). As adicções e os relacionamentos adictivos também ficam pensados em termos do que ocorre com as relações objetais, movidas pela vida pulsional.

Com Winnicott, temos ao menos duas mudanças significativas, que introduzem a descrição de relações que não são redutíveis à administração da vida instintual (às vezes denominada necessidades do id), mas se referem às necessidades de ser e continuar sendo (às vezes denominadas necessidades do ego) e à necessidade de agir a partir de si mesmo (por exemplo, a ação de brincar). Elas modificam a compreensão da teoria do desenvolvimento afetivo e das relações de objeto (Fulgencio, 2014) e, no caso que me interessa neste livro, a compreensão da gênese dos relacionamentos adictivos e das adicções, dado que, em relação a este último fenômeno, Winnicott considera que os sintomas relacionados à drogadicção dizem respeito a falhas na fase da transicionalidade (1953c). Essa perspectiva foi aprofundada por Joyce McDougall (1992, 1995b, 2001), ampliando a posição de Winnicott, ao afirmar que as adicções também podem ter sua origem tanto em fases anteriores como posteriores à da transicionalidade; mais ainda, ela reconhece, levando em conta essas modificações que Winnicott propôs (ampliando a compreensão da teoria do desenvolvimento para além das determinações que adviriam das pressões instintuais da existência), que há determinadas relações inter-humanas que funcionam como se fossem adicções.

Procura-se explicitar esse ponto de partida e seu desenvolvimento, retomando o que esses autores afirmaram e desenvolveram, em virtude da importância que eles dão para o ambiente real nas fases mais primitivas do desenvolvimento, bem como da ênfase dada às relações de dependência (seja a do bebê, a da criança ou no mundo adulto).

O detalhamento dessa perspectiva teórica implicará uma apresentação mais longa da maneira como Winnicott propõe o processo de desenvolvimento afetivo, sem desconsiderar, evidentemente, os avanços que Freud e Klein fizeram nesse sentido. No primeiro capítulo do livro, depois de rever as posições clássicas de Freud e Klein, retomarei uma das maneiras como Winnicott pensa a teoria do desenvolvimento, apresentando-a a partir dos modos de relação de dependência do indivíduo com o ambiente (1960c). Winnicott se refere à teoria do desenvolvimento emocional de diversas maneiras, usando diversas chaves de classificação (dependência-independência, não integrado-integrado, incompadecido-compadecido, os que tiveram bons cuidados no início e os que não tiveram etc.), sem deixar, às vezes, de se referir às fases que Freud descreveu, bem como às que Klein chamou de posições.

No esclarecimento mais detalhado da perspectiva teórica da minha pesquisa, selecionei uma dessas chaves, a que coloca em foco a questão da dependência, dado que ela foca justamente o problema que quero tratar. Cabe, aqui, fazer uma distinção entre a maneira como Pirlot entende as adicções, bem como sua maneira de compreender as propostas de Winnicott e McDougall sobre as adicções, e a maneira como abordarei esses autores e o tema das adicções e dos relacionamentos adictivos. Para Pirlot, toda a compreensão psicanalítica das adicções é feita a partir da metapsicologia freudiana (2013, p. 37). Nesse sentido, se, de um ponto de vista descritivo, ele afirma que as adicções estão impulsionadas pela questão do prazer[7], do ponto de vista teórico ele defende e desenvolve a metapsicologia freudiana, ou seja, reconhece nas pulsões e em suas vicissitudes o fundamento dos impulsos e a procura do homem e, por conseguinte, dos adictos.[8]

Essa adesão à metapsicologia freudiana acaba, a meu ver, também deixando de lado a compreensão de Winnicott como um autor que introduziu novos aspectos na metapsicologia psicanalítica, especialmente os que dizem respeito à consideração de impulsos que não são propriamente pulsionais ou instintuais, referidos à necessidade de ser e de continuar sendo – e eles não são redutíveis ou explicados em função do princípio do prazer, nem do princípio da descarga (presente na ideia da pulsão de morte). Assim, minha perspectiva de entendimento das adicções, considerando esse tipo de compreensão de Winnicott, recolocaria a procura do adicto mais em sintonia com os problemas e traumas que perturbaram a possibilidade de ser a partir de si mesmo do que com a procura do prazer e/ou da descarga.

Dadas as linhas gerais de minha perspectiva teórica, procuro, agora, focar o outro pilar deste trabalho, que diz respeito ao problema da abordagem e da interpretação do material empírico que caracteriza o atendimento clínico e o estudo de caso.

Os exemplos clínicos

Os casos clínicos aqui estudados foram selecionados por apresentarem características parciais ou mais diretamente focadas em relaciona-

---

7. Para Pirlot, "a necessidade de uma recompensa rápida e de um prazer imediato é um componente importante do perfil do dependente ou adicto" (2013, p. 19). Ele considera que as adicções estão associadas a fenômenos tais como a dessimbolização do pensamento, a violência não integrada, a carência ou fragilidade narcísica, a depressividade, a angústia na relação de objeto, um pensamento operatório ou de uma alexitimia [escassez de fantasmas, de pensamento onírico e dirigido para o factual, para o prático] (2013, p. 30).

8. Para Pirlot, "[a] conduta inerente à adicção parece ter em vista a reanimação e uma 'revivescência' de fundo pulsional/passional" (2013, p. 16); ou ainda, nessa mesma direção, ele afirma: "fica evidente que essas condutas de adicção alteram os mecanismos de regulação dos circuitos cerebrais que gerenciam o prazer/desprazer ou mesmo os envolvidos na gestão das emoções" (2013, p. 38).

mentos adictivos. Nesse tipo de pesquisa, no qual temos estudos de caso, o analista faz um tratamento, registra as sessões e retoma esse material, para uma elaboração mais geral, procurando teorizar o problema clínico, seja em termos da compreensão da dinâmica psicoafetiva do paciente, seja ainda em termos do manejo clínico para o tratamento. Numa análise do que é o estudo de caso, procurando descrever qual é a perspectiva geral e o objetivo dos estudos de casos clínicos na ciência, em geral e não só na psicanálise, Fulgencio (2013) afirma:

> Para apresentação e análise de um quadro clínico, como objeto de pesquisa, é sempre necessário considerar: a) a teoria geral a partir do qual o desenvolvimento e suas falhas estarão sendo lidos; b) o quadro nosográfico estabelecido por esta teoria; c) a noção de saúde e os objetivos do tratamento clínico realizado; d) a história pessoal colocando em relevo as variáveis consideradas mais significativas na teoria geral guia utilizada; e) a demanda inicial apresentada no início do tratamento; f) o desenvolvimento da relação entre o analista e o paciente; g) acontecimentos significativos no *setting* analítico e na vida do paciente durante o tratamento; h) fim de análise e modificações dinâmico-afetivas do paciente. Todos estes elementos devem contribuir e dar fundamento para que um determinado problema possa ser enunciado e sua solução analisada, tal como a formulação e resolução de um quebra-cabeça. (2013, pp. 33-34)

Sabemos que o trabalho clínico é sempre guiado por teorias prévias, ou seja, por um conjunto de ideias, conceitos e valores que guiam o atendimento, ainda que isso não signifique que toda a compreensão já esteja dada antes da observação dos fenômenos. Trata-se de uma orientação específica que fornece uma direção para a observação, a interpretação, a formulação e a resolução dos problemas empíricos. Para um estudo de caso se caracterizar como tal em psicanálise, é necessário que os métodos de pesquisa e de tratamento clínicos sejam estabelecidos por essa teoria e suas especificidades (busca das motivações inconscientes, associação livre, análise da transferência, regularidade dos encontros analíticos, neutralidade etc.), marcadas e estabelecidas as diferenças que caracterizam as diferentes linhas teóricas da própria psicanálise, referidas às obras de Freud, Klein, Bion e Winnicott (2013, pp. 33-34).

É, pois, sempre necessário explicitar quais são os parâmetros que guiam os atendimentos clínicos, bem como de que maneira um estudo de caso é feito, de que forma os dados são delimitados, sistematizados e interpretados, com quais objetivos tudo isso é feito numa determinada pesquisa ou num determinado estudo de caso. Para isso, no quadro desta pesquisa, deve-se especificar, em primeiro lugar, quais são os aspectos teóricos que estabelecem o *setting* para esses atendimentos para, então, dedicar-me à descrição dos aspectos práticos que dizem respeito às précondições e às condições para que esses atendimentos sejam feitos e usados para a pesquisa. Isso foi parcialmente feito no item dedicado à perspectiva teórica e será retomado posteriormente, procurando dar maior precisão ao aspecto metodológico teórico desta pesquisa.

Uma parte do material clínico utilizado adveio de minha experiência clínica em meu consultório privado; outra, que configura o estudo de caso mais detalhado, adveio do atendimento de um casal no Instituto de Psicologia da USP.

De um modo geral, baseio-me, para os atendimentos, nos fundamentos do método psicanalítico, retomados aqui de maneira sintética: o reconhecimento de que a vida emocional é fruto de uma série de determinações advindas de processos psíquicos inconscientes cuja base encontra-se na infância dos indivíduos. Nessa infância, as relações de dependência do outro e as pressões da vida instintual no cenário edípico e antes deles têm importância fundadora. Essa importância também existe na consideração dos fatos da transferência e da resistência como elementos fundamentais dos tratamentos psicoterapêuticos de base psicanalítica. Os desenvolvimentos feitos por Klein, Fairbairn, Bion, Winnicott etc., a meu ver comungam de todos esses princípios, ainda que se possa usá-los e interpretá-los de maneiras diferentes.

Plano de desenvolvimento do livro

Procurando aqui esboçar o caminho que será percorrido no desenvolvimento deste livro, indico agora a estrutura e os conteúdos gerais o apresentados em cada uma de suas partes, estabelecendo assim um tipo de "roteiro de viagem" que fornece os marcos centrais de minha pesquisa e seu desenvolvimento, bem como expõe as linhas gerais de minha reflexão e meu raciocínio.

Nos capítulos 1 e 2, explicito com mais detalhes a perspectiva teórica que me serve de referência para a compreensão geral desses fenômenos e a orientação teórica e prática dos atendimentos clínicos em questão. No capítulo 1, "Aspectos gerais da compreensão psicanalítica das adicções e dos relacionamentos adictivos do ponto de vista de Freud e Klein", retomo, inicialmente, algumas referências a Freud e a Klein e como eles compreendem o fenômeno da adicção. No capítulo 2, "Aspectos gerais da compreensão psicanalítica das adicções e dos relacionamentos adictivos do ponto de vista de Winnicott e McDougall", faço o mesmo, dedicando-me às propostas de Winnicott e McDougall, especialmente no que se refere à compreensão da teoria do desenvolvimento afetivo, descrita em termos das relações de dependência, bem como à análise de sua afirmação de que o vício em drogas advém de falhas na fase da transcionalidade. Em seguida, apoiada também em alguns desenvolvimentos das posições de Freud e Klein sobre as adicções, bem como em alguns comentadores, tais como Kalina (1999) e Gurfinkel (1995, 2001, 2011), dedico-me a mostrar alguns dos desenvolvimentos que McDougall fez das propostas de Winnicott para a compreensão das adicções, bem como a sua caracterização dos relacionamentos adictivos. Assim, espero colocar em evidência tanto uma teoria geral das adicções, quanto alguns aspectos importantes das relações adictivas como relacionamentos de dependência patológicos, delimitados a meus objetivos de atendimento clínico e de estudo destes casos.

No capítulo 3, "Alguns aspectos teóricos da prática clínica", considerando o material clínico já referido, também retomo os aspectos gerais, práticos e teóricos dos atendimentos clínicos. Nesse sentido, ocupo-me em analisar: 1) os aspectos gerais do *setting* e dos objetivos do tratamento psicanalítico para Freud e Klein; 2) os aspectos gerais do *setting* e dos objetivos de tratamento psicanalítico para Winnicott.

No capítulo 4, faço a análise dos casos clínicos. Em primeiro lugar, apresentarei uma caracterização do que são os casos clínicos em psicanálise, sua natureza, seus objetivos e sua maneira de serem organizados e interpretados. Em seguida, dedico-me ao casal atendido no IP-USP, apresentando-o em termos da caracterização inicial do sintoma, da retomada das queixas que levaram à procura de ajuda psicoterápica, e da história dessas pessoas, bem como de suas relações conjugais, descrevendo as dinâmicas relacionais psicoafetivas, sempre delimitando e selecionando o material clínico, procurando fornecer um entendimento geral do lugar que a adicção e a dependência têm nessas pessoas. Trata-se, pois, de apresentar o material clínico organizado em função dos temas e problemas que estou querendo abordar. Ao final deste capítulo, agrupando os casos atendidos em minha clínica privada, comento alguns casos de relações adictivas, caracterizando-os como tipos de relacionamentos adictivos.

Ao final, retomando os resultados obtidos, coloco em evidência os tipos de situação que encontramos nesses relacionamentos e em que sentido eles estão associados ao problema das adicções, especificando quando há relações afetivas que podem ser ditas adictivas, bem como que tipo de cuidado psicoterapêutico seria necessário para o tratamento dessas pessoas.

CAPÍTULO 1
Aspectos gerais da compreensão psicanalítica das adicções e dos relacionamentos adictivos do ponto de vista de Freud e Klein

A compreensão dos relacionamentos adictivos depende do entendimento do que são as adicções, sua gênese e sua dinâmica. Isso implica a necessidade de retomarmos um pouco da história do estudo desse fenômeno desde Freud, seguindo alguns desenvolvimentos dessa perspectiva inicial com o objetivo de explicitar com clareza as propostas de Winnicott (ligando as adicções aos fenômenos transicionais) e as de McDougall, ampliando as concepções de Winnicott e caracterizando aquilo que é o tema central deste trabalho, os relacionamentos adictivos.

No quadro da teoria freudiana do desenvolvimento da sexualidade, as adicções são consideradas tanto como um tipo específico de relação com o objeto libidinal quanto associadas à masturbação. Para Freud, as adicções dizem respeito à fixação da libido numa determinada fase do desenvolvimento, ou do retorno à relação objetal primitiva (relação do bebê com a mãe).

Nesse caminho, e como seu desenvolvimento, é necessário analisar e compreender como Freud e outros psicanalistas desenvolveram a compreensão da gênese e da dinâmica das adicções, com uma ênfase histórica nas concepções de Klein, em função da sua influência sobre Winnicott. Com tal desenvolvimento, será mais clara a compreensão winnicottiana do processo de desenvolvimento emocional, bem como a sua teoria sobre o brincar e dos objetos transicionais, tendo como objetivo refletir sobre a sua afirmação de que o vício em drogas advém de falhas na fase da transicionalidade. Isso, por sua vez, torna também possível uma apreensão e análise mais objetiva dos desenvolvimentos propostos por McDougall, para mostrar como e por que a autora pode apreender os relacionamentos interpessoais como tendo a mesma dinâmica que encontramos nas relações de adictos com as drogas.

Esse conjunto de aportes teóricos serve como pano de fundo que orienta e enquadra os atendimentos clínicos e a interpretação dos dados utilizados nesta pesquisa, o que não significa, no entanto, que a observação clínica esteja apenas cumprindo o papel de reiterar a teoria. Sabemos que, sem uma referência teórica, é impossível observar, organizar e interpretar os fenômenos, ainda que essa teoria não forneça *a priori* tudo o que pode ser observado e entendido.

1.1. Aspectos gerais da compreensão de Freud sobre as adicções

A teoria do desenvolvimento da sexualidade é, para Freud, uma teoria do desenvolvimento dos tipos (autoerótico, narcísico, homossexual e heterossexual, nesta ordem de amadurecimento) e dos modos (dinâmica) como essas relações são realizadas (oral, anal, fálica, genital adulta) de relação com os objetos (do desejo). Os objetos são, para ele, aquilo que torna possível a eliminação de uma excitação pulsional, constituindo um dos quatro componentes das pulsões, ao lado da *fonte* (pressão corporal), da *finalidade* (eliminar a excitação) e da *pressão* (intensidade). É nesse quadro geral que Freud pensa todas as relações humanas, sejam as do início, sejam todas as outras organizações psíquicas, tanto saudáveis como patológicas. O mesmo vale para as relações mais primitivas (especialmente, para o que nos interessa, as relações narcísicas, nas quais o indivíduo toma a si mesmo como objeto de amor) e as relações com as drogas (que são um tipo específico de objeto e um tipo específico de dinâmica relacional, mais próxima das relações de objeto autoeróticas).

Freud faz da relação inicial da criança com a mãe, centrada na relação com o seio, o protótipo das relações de objeto, protótipo das relações amorosas. Para ele, é a partir dessa relação inicial com o seio (ou a mãe) que serão construídas as outras relações de objeto mais maduras, bem como o desenvolvimento da organização psíquica e corporal do indivíduo. Na saúde, o desenvolvimento adequado dessa relação inicial levará à possibilidade de amar outros objetos e amá-los de diversas maneiras; mas, na doença, ocorrerão diversos tipo de fixação e o indivíduo procurará, com maior ou menor desespero, encontrar o objeto primeiro e tudo o que ele pode fornecer, vivendo, nos casos mais graves, uma insegurança constante (em estado de alerta ao menor sinal de separação ou perda dos objetos que considera próximos ou análogos ao que procura encontrar).

As adicções são consideradas por Freud, ainda que ele não use esse termo (mas se refira a *vícios*), como um tipo de relação autoerótica, em proximidade com o *narcisismo* e a *melancolia*. É uma relação associada à fase oral. Ao procurar explicar o fenômeno das adicções, Freud se refere a três tipos de relação: autoerótica, narcísica e melancólica.

Na relação autoerótica, a criança toma uma parte de si mesma como sendo o objeto "sempre à mão" para satisfazer sua excitação ou dar-lhe o prazer procurado (ou o alívio da "dor" que uma excitação pode significar). Não se trata, propriamente, como observam Laplanche & Pontalis (1986), de uma relação sem objeto, mas corresponde, mais propriamente, à substituição do primeiro objeto (o seio como protótipo de todos os objetos) por outro mais imediato e sempre disponível. Por um lado, já associando esse tipo de relação à dinâmica que caracteriza a fase oral, trata-se da boca que beija a si mesma, lembrando que a boca substitui o seio (primeiro objeto experimentado) por ela mesma.

No artigo "Sobre o narcisismo: uma introdução" (1914c), Freud se refere ao fato de que uma ação ocorreu, fazendo a passagem da situação do autoerotismo – na qual não há, ainda, um sujeito integrado – para a situação do narcisismo, na qual encontramos uma primeira unidade do indivíduo. Nesse momento, o indivíduo toma a si mesmo com objeto de amor, o que é, por um lado, uma fase normal do desenvolvimento das relações de objeto (pensada em termos do desenvolvimento da sexualidade, ou seja, das relações de objeto marcadas e dirigidas pelas pressões pulsionais); nas situações patológicas, o indivíduo teria ficado fixado nessa situação, ou seja, teria ficado fixado nos casos em que não pode aceitar objetos externos a si mesmo para satisfazer suas excitações ou angústias (evidentemente, trata-se de algum tipo de falha ambiental que não pôde fornecer objetos adequados à satisfação das exigências pulsionais). Nas situações narcísicas patológicas, o indivíduo procura bastar-se a si mesmo, buscando a independência das relações de objeto e a independência em relação à realidade, certamente em função das falhas do objeto primário, que não tornou possível à criança viver esse período inicial no qual ela tem a experiência de encontrar no mundo os objetos de que precisa para atender às suas necessidades.

No artigo "Luto e melancolia" (1917e), Freud descreve outro tipo de relação de objeto. Ele caracteriza uma situação "natural" e saudável, que ocorre no processo do luto, quando o indivíduo precisa aceitar vagarosamente a perda definitiva de uma pessoa amada, e a relaciona com uma situação patológica (a melancolia), procurando mostrar que as duas situações não são de naturezas diferentes, mas tão somente de intensidade e duração diferentes. O melancólico ou deprimido não aceita a perda do objeto, procurando manter o objeto vivo dentro de si mesmo, ou seja, o indivíduo mantém uma relação mórbida com esse objeto perdido, interiorizando-o e identificando-se com o objeto perdido – como diz Freud na conhecida formulação "a sombra do objeto recai sobre o eu" –, levando, assim, o indivíduo não só a desinvestir todos os objetos externos (para recolher-se em si mesmo), como também a dirigir depreciações e desqualificações de si mesmo (na verdade, dirigidas ao objeto perdido interiorizado). Essa é como uma forma de condenar o objeto por sua ausência. Loas & Corcos (2006), pensando nas *personalidades dependentes*, consideram que esse modo de relação melancólica com o objeto estará presente em outros fenômenos clínicos abordados por Freud:

> Esta disposição melancólica do sujeito, e sua dependência do objeto, será encontrada nos trabalhos posteriores de Freud, seja aqueles que se referem ao masoquismo, a pulsão de morte, a relação terapêutica negativa, seja os que se referem à psicologia das massas e aos trabalhos, tão úteis para todos os clínicos, que são confrontados na clínica cotidiana com pacientes que não estabelecem ligações, adoecidos em ligações passionais [...] e em relação aos quais é necessário acompanhar frequentemente por longo tempo a cicatrização das angústias de separação arcaicas. (Loas & Corcos, 2006, p. 31)

Quando Freud procura pensar qual é a gênese e a dinâmica das adicções, é justamente esse quadro relacionado a relações autoeróticas, narcísicas ou melancólicas que ele tem em mente, caracterizando as adicções ora num, ora noutro aspecto dessas relações.

Apesar de Freud não ter desenvolvido uma teoria sistemática sobre as adicções, há várias referências a esse tipo de sintoma, além de ele mesmo se envolver na questão como pesquisador e usuário de cocaína, sem falar nos charutos que fumava e que acabaram por produzir um câncer no palato, causa mais direta de sua morte. Ao escrever sobre a cocaína ("Observações sobre a adicção e sobre o medo da cocaína" (1887)), Freud lançou a ideia fundamental de que o problema da droga não estaria na própria droga, mas no uso que se faz dela; ele não ressaltou nem aprofundou esse ponto, mas nos deixou uma teoria e um método de tratamento que tornou possível o aprofundamento da compreensão desse fenômeno, levando em conta o desenvolvimento das relações objetais associadas à administração da vida sexual e dos determinantes inconscientes dessas relações.

Em 1890, Freud faz um primeiro agrupamento do que ele intitula como sendo "hábitos mórbidos", aos quais ele associa o vício em morfina e em álcool. Numa carta de 22 de dezembro de 1897, endereçada a Fliess (Freud & Fliess, 1986), ele se refere à hipótese de que a dipsomania (impulso ininterrupto e irresistível de ingerir bebidas alcoólicas) e a adicção patológica ao jogo correspondem a substituições de pulsões sexuais não expressas e não controladas. Essa é a primeira das poucas menções que Freud fez às adicções, associando-as ao autoerotismo e estabelecendo, assim, um ponto de partida psicanalítico para compreensão da gênese e da dinâmica desse fenômeno. Diz Freud:

> Despontou em mim a descoberta intuitiva de que a masturbação é o grande hábito, o "vício primário", e de que é apenas como substitutos e sucedâneos dela que os outros vícios – o álcool, a morfina, o fumo e coisas parecidas – passam a existir. O papel desempenhado por esse vício na histeria é imenso, e talvez seja aí que se encontra, no todo ou em parte, meu grande obstáculo ainda por superar. E nesse ponto, é claro, surge a dúvida entre saber se um vício dessa espécie é curável ou se a análise e a terapia devem deter-se nesse ponto e contentar-se em transformar a histeria em neurastenia. (Freud & Fliess, 1986, p. 288)

Chama a atenção não só a associação que Freud faz entre as adicções e a masturbação, mas também as suas dúvidas quanto à possibilidade de tratamento das adicções. As adicções seriam, nesse sentido acima comentado por Freud, uma procura do prazer pela utilização das próprias excitações corporais, ainda que intermediadas pela droga.

De modo geral, Freud relaciona a neurose com uma situação na qual um determinado conflito (carregado de afeto ou excitação) não encontra solução, ou seja, uma excitação que não encontra uma descarga adequada (em geral, um conflito ligado às excitações eróticas, ao desejo e aos impeditivos para sua realização, com o indivíduo precisando pôr em andamento mecanismos de defesa contra a angústia que tal situação gera no interior de seu aparelho psíquico). Assim, a neurose aparece como uma solução de compromisso entre o desejo e as ideias (ou outros desejos) incompatíveis com o eu do indivíduo, uma solução de compromisso que procura lidar (utilizando-se mecanismos de defesa) com a angústia que o conflito gera. No caso das adicções como sintoma ou modo de se defender contra um conflito e/ou uma angústia, elas também são pensadas sob a mesma dinâmica geral que caracteriza a produção de sintomas na neurose (Yalisove, 1997, p. 15), ou seja, são um tipo de solução externa para uma situação de conflito interno.

Com base no que Freud apresenta nos *Três ensaios sobre a sexualidade infantil* (1905d), pode-se também afirmar que, para ele, as adicções estariam associadas a um tipo de fixação em torno das zonas erógenas orais:

> Nem todas as crianças praticam este chuchar. É de se supor que cheguem a fazê-lo aquelas em quem a significação erógena da zona labial for constitucionalmente reforçada. Persistindo esta significação, tais crianças, uma vez adultas, serão ávidas apreciadoras do beijo, tenderão a beijos perversos, ou se forem homens, terão um poderoso motivo para beber e fumar. (1905d, p. 170)

Nesse sentido, é o princípio do prazer – pensado no quadro da teoria do desenvolvimento da sexualidade com suas fases genitais e pré-genitais e com a consideração do momento estruturante do complexo de Édipo e do complexo de castração – que constitui o fundamento e o horizonte que parecem levar Freud a associar as adicções a um tipo de solução em busca do prazer ou de evitar o desprazer, ligando-as, pois, à administração da vida instintual (sexual) nas relações com os objetos.

Freud, no seu artigo "O papel da sexualidade na etiologia das neuroses" (1898a), referiu-se à origem das adicções como um tipo de busca de objeto que realiza o desejo sexual (falando explicitamente de si mesmo e de sua intoxicação com a cocaína):

> Nem todos os que têm oportunidade de tomar morfina, cocaína ou hidrato de cloral etc. por algum tempo adquirem dessa forma um "vício". A pesquisa mais minuciosa geralmente mostra que esses narcóticos visam servir – direta ou indiretamente – de substitutos da falta de satisfação sexual; e sempre que a vida sexual normal não pode mais ser restabelecida, podemos contar, com certeza, com uma recaída do paciente. (Freud, 1898a, p. 246)

No seu artigo sobre Dostoiévski(1928b), Freud também associa o vício no jogo com a masturbação:

> O "vício" da masturbação é substituído pela inclinação ao jogo e a ênfase dada à atividade apaixonada das mãos revela essa derivação. Na verdade, a paixão pelo jogo constitui um equivalente da antiga compulsão a se masturbar; "brincar" é a palavra real utilizada no quarto das crianças para descrever a atividade das mãos sobre os órgãos genitais. A natureza irresistível da tentação, as resoluções solenes que, não obstante, são invariavelmente rompidas de nunca fazê-lo de novo, o prazer entorpecedor e consciência má [a culpa, na figura da má consciência] que diz ao indivíduo que ele está se arruinando (cometendo suicídio) – todos esses elementos permanecem inalterados no processo de substituição. (1928b, p. 222)

Nessa análise de Dostoiévski, Freud liga, portanto, as adicções não só à atividade masturbatória, mas também a um processo de autopunição:

> Se a inclinação ao jogo, com suas lutas malsucedidas para romper o hábito e com as oportunidades que proporciona para autopunição, constitui uma repetição da compulsão a se masturbar, não nos surpreendemos em descobrir que ela tenha ocupado um espaço tão grande na vida de Dostoiévski. Afinal de contas, não encontramos

casos de neurose grave em que a satisfação autoerótica da primeira infância e da puberdade não tenha desempenhado um papel, e a relação entre os esforços para suprimi-la e o temor do pai são por demais conhecidos para precisarem mais do que uma menção. (1928b, p. 223)

Analisando as adicções do ponto de vista da teoria freudiana, Gurfinkel (1995) comenta que Freud, antecedendo a reviravolta ocorrida em 1920, supôs a noção de narcisismo e a articulou com a toxicomania e as neuroses narcísicas. A toxicomania poderia, então, estar relacionada no interior da teoria freudiana à posição narcisista da libido. O prazer narcisista qualificado por Freud e também apontado em relação à toxicomania se distancia, no sentido analisado por Gurfinkel, das formulações organicistas que concebiam o autoerotismo enquanto fenômeno psíquico vinculado ao biológico (as fontes orgânicas da pulsão). Diz Gurfinkel:

> [...] na dependência do toxicômano, o essencial não são as propriedades químicas do objeto nem o prazer suposto no seu consumo, mas o autoerotismo subjacente enquanto ideal narcisista de independência e cuja função não é outra que a de repudiar a ausência estrutural de um objeto real e adequado ao desejo. (1995, p. 149)

Com a transformação causada na metapsicologia freudiana e a inserção do segundo dualismo pulsional (vida e morte) como expressão dos impulsos fundamentais que colocam o aparelho psíquico em ação, pode-se afirmar que há uma transformação do lugar dado ao princípio do prazer, o que leva, portanto, à necessidade de repensar as adicções não mais unicamente em função do princípio do prazer. É necessário acrescentar outro impulso e movimento que poderiam estar presentes na procura que o adicto faz, não somente como procura do prazer ou de evitar a dor, mas como algo que diz respeito à necessidade de responder ao impulso básico de eliminar uma excitação.

Talvez possamos afirmar, pensando nesse quadro, que foi, inicialmente, no embate entre princípio do prazer e o princípio de realidade que Freud situou as adicções (Gianesi, 2002, p. 29), mas que a essa proposta inicial outra explicação deverá ser associada. Por um lado, por meio da intoxicação, o indivíduo se distancia do que lhe traz desprazer, ficando mais próximo da satisfação pulsional e proporcionando um afastamento relativo de seu sofrimento ou, até mesmo, para isso, levando o indivíduo a realizar alguma renúncia ao princípio da realidade. Nesse sentido, os adictos buscariam não apenas experiências de intensos sentimentos de prazer, mas também a absoluta ausência de sofrimento e de desprazer, propiciando um refúgio num mundo próprio (Gianesi, 2002, p. 29). Esse movimento em busca da eliminação do sofrimento também se articula com a hipótese freudiana da existência da pulsão de morte, considerada como um movimento em direção à eliminação final de toda tensão. Desse modo, talvez seja possível afirmar que Freud supõe que a escolha adictiva entrelaça a satisfação sem moderação (relativa ao princípio do prazer) à finalidade silenciadora da pulsão de morte, uma vez que o princípio de prazer parece, na realidade, servir à pulsão de morte. É nesse sentido que Gianesi, enfatizando a posição de Freud, afirma que se torna "possível unificar a satisfação sem moderação e o silêncio da pulsão de morte no processo de intoxicação" (2002, p. 30).

Mas será no seu texto "O mal-estar na civilização" (1930a) que Freud organizará suas concepções teóricas sobre as adicções, referindo-se ao princípio do prazer e colocando em foco os efeitos químicos exógenos além dos endógenos já conhecidos. Diz Freud:

> O mais grosseiro, embora também o mais eficaz desses métodos de influência é o químico: a intoxicação. Não creio que alguém compreenda inteiramente o seu mecanismo; é fato, porém, que existem substâncias estranhas, as quais, quando presentes no sangue ou nos tecidos, provocam em nós, diretamente, sensações prazerosas, alterando, também, tanto as condições que dirigem nossa sensibilidade

que nos tornamos incapazes de receber impulsos desagradáveis. Os dois efeitos não só ocorrem de modo simultâneo como parecem estar íntima e mutuamente ligados. No entanto, é possível que haja substâncias na química de nossos próprios corpos que apresentem efeitos semelhantes, pois as conhecemos por um estado patológico, a mania, no qual uma condição semelhante à intoxicação surge sem administração de qualquer droga intoxicante. (1930a, pp. 96-97)

Nesse texto, Freud define o uso de drogas como uma tentativa de suspensão da existência frente à dor de existir (p. 93). A cada desequilíbrio, as substâncias tóxicas agiriam como uma proteção contra a perturbação do existir. A intoxicação seria uma forma de suportar o mal-estar imposto ao ser humano, mal-estar este derivado do simples fato de viver numa determinada civilização que exige a repressão da sexualidade. É interessante notar que Freud considera, de uma forma vaga, que, para suportar a vida e seus inevitáveis sofrimentos, faz-se necessário o uso de certas medidas, dentre elas o uso de drogas (1930a, p. 93).

Talvez seja possível afirmar que, para Freud, na primeira tópica, as adicções estão associadas à busca pelo prazer e a evitar o desprazer, mas, na segunda tópica, elas estão associadas à descarga, à compulsão e à repetição, impulsionadas pela pulsão de morte. Por um lado, as adicções devem ser pensadas em função da busca de um objeto que elimina a excitação pulsional (seja com algo análogo à masturbação, seja como defesa contra a angústia vivida pela perda do objeto, tal como descrita em "Luto e melancolia"), tanto no quadro da primeira como da segunda tópica; mas, por outro, a referência ao narcisismo, especialmente no seu sentido patológico, diz respeito a uma relação de objeto que exclui o reconhecimento do outro, aproximando esse tipo de dinâmica relacional à do adicto.

Esses pontos gerais assim considerados e a relação das adicções com a masturbação como uma procura de solução para um conflito inconsciente que cause desprazer ou como uma tendência para a descarga de uma excitação que não encontra outra maneira de expressão (com a hipótese da pulsão de morte) forneceram um ponto de partida importante, e esse ponto serviu de referência para uma série de estudos pós-freudianos que visaram aprofundar essa perspectiva de entendimento, como espero, a seguir, colocar em evidência.

1.2. Alguns desenvolvimentos da perspectiva estabelecida por Freud para a compreensão das adicções

Pretendo agora mostrar um caminho de desenvolvimento do pensamento psicanalítico que leva à compreensão do que são os *relacionamentos adictivos*, comentando algumas referências a autores pós-Freud. Nesse sentido, a apresentação a seguir, pinçará, dessa história de desenvolvimento do pensamento psicanalítico sobre as adicções, apenas os aspectos que me parecem contribuir diretamente para minha linha argumentativa.

Em primeiro lugar, quero retomar, apenas de forma indicativa, uma posição de Sandor Ferenczi, no seu artigo "O papel da homossexualidade na patogênese da paranoia" (1911b), e outra de Karl Abraham, no seu artigo "A influência do erotismo oral na formação do caráter" (1924a). O primeiro parece incluir a questão dos traumas reais nas relações de objeto mais primitivas e o segundo amplia a descrição do que ocorre nas fases mais primitivas (oral e anal) do desenvolvimento.

Ferenczi, aprofundando a compreensão das situações mais primitivas do desenvolvimento, especialmente referindo-se aos traumas reais nas suas fases iniciais, agrupou um conjunto de sintomas (toxicomanias, cleptomanias, piromanias) como referidos à dimensão perversa sadomasoquista, bem como considerou o alcoolismo (1911a) como associado a uma inclinação homossexual inconsciente.

Abraham, por sua vez, no seu artigo "A influência do erotismo oral na formação do caráter" (1924b), tendo expandido a descrição das fases (oral e anal) mais primitivas do desenvolvimento da sexualidade (1924a), observa que, quando o período oral é marcado por insatisfações libidinais, os indivíduos ficariam fixados nesse período e modo dessas relações de objeto, gerando os seguintes traços de comportamento: passividade, avidez afetiva (eles colam aos outros como sanguessugas), intolerância à solidão, impaciência, necessidade de comunicação com os outros e tendências às perversões orais.

O desenvolvimento das perspectivas aqui indicadas por essas referências a Ferenczi e a Abraham certamente tem em Klein[9] uma convergência e uma expansão significativas. No entanto, antes de me referir à obra de Klein, quero fazer apontamentos trazendo algumas das posições de outros psicanalistas – tais como Otto Fenichel (1945), Edward Glover (1932) e Sandor Radó (1933) – que desenvolveram estes aspectos anteriormente citados da obra de Abraham e de Ferenczi, associando as adicções a problemas na fase oral do desenvolvimento da libido. Esse conjunto de referências agrega aprofundamentos teóricos e clínicos às propostas de Freud, servindo aqui para ampliar a compreensão freudiana, bem como para começar a introduzir alguns aspectos da compreensão das adicções que parecem se distanciar da ideia de que as adicções são impulsionadas apenas pelo princípio do prazer (fornecendo outra direção ou objetivo para o uso das drogas) e, também, alguns entendimentos que nos levam na direção da compreensão dos relacionamentos adictivos.

Fenichel, no seu livro *A teoria psicanalítica das neuroses* (1945), considerará que há uma *toxicomania sem drogas* em simetria com os toxicômanos clássicos, referindo-se às neuroses impulsivas. Dentre essas neuroses

---

9. Sabemos o quanto Melanie Klein foi influenciada por Ferenczi e Abraham. Sua obra é reconhecida, por ela mesma, como um desenvolvimento das posições de Abraham. Destacaremos nesse momento, mais à frente, as suas contribuições, destacando-a como um item específico, em função da magnitude de suas contribuições para a psicanálise e também em função de sua influência na obra de Winnicott.

impulsivas, ele distinguirá dois tipos: um que se refere às toxicomanias (*drugs addictions*), que representam os tipos mais impulsivos; e outro que se refere às toxicomanias sem drogas (*addictions without drugs*), categoria na qual ele coloca a bulimia, a mania, o vício patológico em jogo, a piromania e a cleptomania. Para Fenichel (1945), os processos inconscientes colocados em jogo nessas condutas (nos dois tipos) são determinados por uma fixação num estado precoce do desenvolvimento, no qual o esforço para a satisfação sexual e a luta pela segurança ainda não estão diferenciados, o que implicaria fazer uma distinção entre os *impulsos mórbidos*, que são um sintoma do eu que procura satisfação, e as compulsões, que são um sintoma do eu que procura alívio. Nessa posição de Fenichel, aparece um tipo de relação de objeto que não é redutível à procura de satisfação pulsional.[10] Fenichel ainda se refere aos adictos do amor (*love addicts*), para caracterizar aquelas pessoas "para as quais a afeição ou a confirmação que recebem dos objetos externos desempenha o mesmo papel que o alimento no caso dos adictos da comida" (1945, p. 355). Ele comenta que essas pessoas, ainda que tenham a necessidade absoluta de um objeto que as ame, não conseguem retribuir esse amor, tendo até mesmo na relação sexual muito mais uma maneira de obter uma gratificação oral condensada do que um encontro de troca com o outro. Retomo o exemplo clínico que ele apresenta, nesse momento, dado que, ao elaborar o caso clínico de referência deste trabalho, encontrei comportamentos parecidos aos por ele descritos:

> Uma mulher, por força de certas experiências infantis, sofria de severa angústia de ser abandonada. Tal qual a criança amedrontada não dorme sem a mãe à cabeceira, esta paciente, adulta, tinha de sentir uma união protetora com outras pessoas. A sua principal resistência, na análise, consistiu em que ela só se interessava por certificar-se de que o analista estava tomando o seu lado, razão por

---

10. Posteriormente, retomarei essa posição de Fenichel como um dos aspectos da compreensão que Winnicott faz das necessidades do ego, distinta das necessidades instintuais (ou do id).

que não conseguia dizer não a homem algum; sempre que se via só, tinha de ir à procura de um homem sem mais tardar. Ao que parecia, tinha atividade sexual adulta. Na realidade, a vida sexual era para ela a mesma coisa que a mão protetora da mãe para a criança com medo. O comportamento era um meio de reprimir os seus impulsos sexuais plenos, os quais, certamente, tinham índole sádico-oral. (1945, pp. 355-356)

Glover (1932), dedicando-se ao estudo das adicções ao álcool e às outras drogas, não considera suficiente, para entender o sentido e os objetivos do que buscam esses pacientes, avaliar que eles regridem a pontos de fixação do processo de desenvolvimento da libido. Ele supõe que também está presente nesses casos um *desejo de reparação de si e da situação traumática inicial*, numa perspectiva próxima daquilo que os psicóticos fazem quando deliram. Loas & Corcos, ao comentar a posição de Glover, fazem a seguinte observação:

Assim como foi sugerido a propósito do alcoolismo, um aporte sistemático da adicção à droga baseado unicamente nos fundamentos da formação dos sintomas neuróticos não permite explicar as dificuldades sexuais concomitantes, sejam elas da ordem da inibição ou da perversão, nem localizar a falta no sentido da realidade que é recoberta pelo uso da droga.

Esta falta permite ligar a adicção à droga, por um lado, às psicoses, e por outro, às psicopatias, num sentido mais amplo. Quanto ao conteúdo mental inconsciente específico que, diga-se de passagem, varia em função do tipo clínico e da profundeza etiológica da afecção, é provável que ele não dependa simplesmente da regressão patógena aos diversos pontos de fixação, mas de uma "atividade de reparação" comparável aos "produtos de restituição" das psicoses (delírio). O alcoolismo e as adicções a drogas estão, todavia, mais afinados com as neuroses do que com as psicoses, e ainda que eles comprometam, às vezes gravemente, as funções sociais, podem, de uma maneira geral, ser considerados como sendo tendências mais autoplásticas do que aloplásticas. Trata-se de situá-los em relação às depressões, [e, para isso,] seria necessário designá-los como "neuroses narcísicas limites". (Loas & Corcos, 2006, p. 36)

No texto de Glover (1932) vemos que ele considera a adicção como um sintoma associado ao sadismo, bem como à consideração de que ela é um tipo de estimulante, vinculado ao princípio do prazer:

O primeiro passo dessa investigação é comparar as propriedades reais de drogas "nocivas" com aquelas de drogas "benignas". É evidente que as drogas nocivas possuem certas propriedades prejudiciais e destrutivas. Embora muitos alimentos não nocivos sejam ingeridos independentemente das suas consequências, estes produzem efeitos que também podem ser [como as substâncias nocivas] desintegrativos (como no caso de um paciente que se recusa a seguir uma dieta que lhe foi prescrita). A distinção parece ter alguma validade geral. Isso sugere que, na escolha de um hábito nocivo, a característica [de um comportamento do tipo] sádico, é um elemento decisivo. A droga seria, então, uma substância (objeto parcial) com propriedades sádicas que podem existir tanto no mundo exterior como dentro do corpo, mas que exerce os seus poderes sádicos apenas quando está dentro [do corpo]. A situação representaria uma transição de um sadismo-ameaçador-exteriorizado, de um sistema paranoico, para um sadismo-internalizado-real de um sistema melancólico (Glover, 1932, pp. 42-43).

O que me importa ressaltar, na posição de Glover, é que ele parece reconhecer, como um dos objetivos das adicções, a necessidade de reparar (ou cuidar) do ambiente e do objeto primário. Essa posição se aproxima daquilo que abordarei mais à frente, quando afirmo que nos relacionamentos adictivos há uma necessidade de ter um ambiente de sustentação para o outro, como se fosse uma atividade reparatória da própria falha ambiental sofrida por aquele que se comporta dessa maneira adicta ao outro.

Radó (1933) também parece introduzir um elemento novo, referindo-se às adicções tanto como uma tentativa de evitar certas angústias quanto como uma tentativa de organizar a personalidade, o que poderíamos descrever, noutros termos, como uma tentativa de integração do conjunto de sua personalidade. Radó parece defender a ideia de que haveria uma "depressão ansiosa" subjacente às adicções, considerando que as drogas (produtos tóxicos) seriam um tipo de segunda linha de defesa contra a angústia, tendo, além da função de para-excitação, um lugar de organizador do conjunto da personalidade. O ponto a ser destacado nessa referência a Radó é o fato de que ele se refere à compreensão das adicções como uma tentativa de organização da personalidade (na linguagem que mais tarde usarei, referindo-me a Winnicott, uma *tentativa de integração*), ainda que seus efeitos externos possam mostrar uma direção totalmente contrária a esse objetivo.

Retomando, de maneira sintética, essas indicações, pode-se dizer que com Fenichel somos levados a pensar as adicções para além das relações com as drogas propriamente ditas, relacionando tantos as adicções como os *adictos do amor* (como ele denomina) a problemas e/ou fixações nas fases mais precoces do desenvolvimento da sexualidade; com Glover, também estamos referidos às relações mais primitivas desse processo, mas temos a referência à necessidade de reparação de si mesmo, do ambiente e dos objetos primários; e com Radó, a consideração de que as adicções também têm como objetivo certa tentativa de organização da personalidade.

Em todas essas referências há, por um lado, a necessidade de retomarmos a compreensão de como são as primeiras relações de objeto, como são as dinâmicas que levam às primeiras organizações da personalidade, e, por outro lado, a preocupação não só com o mundo interno dos indivíduos, mas também com as ações do ambiente nesse campo inicial das relações de objeto mais primitivas. Loas & Corcos consideram que todos esses autores se apoiam e explicam a teoria do desenvolvimento do ponto de vista da psicanálise, avaliando que as adicções têm origem na fase oral, enquanto um tipo de reação pessimista face às suas frustrações nesse período:

> Se pensarmos nas fases do desenvolvimento, de acordo com todos esses autores [Fenichel, Glover, Radó], os indivíduos [adictos] têm fixações orais secundárias referidas a frustrações durante o período oral do desenvolvimento libidinal, apresentando tendências pessimistas, enquanto indivíduos com fixações orais secundárias excessivamente gratificantes têm tendências otimistas. (Loas & Corcos, 2006, p. 37)

É nesse sentido, procurando explicitar um dos aspectos do desenvolvimento da psicanálise em relação à compreensão da gênese das adicções e dos relacionamentos adictivos – focando minha atenção na teoria do desenvolvimento e na questão da sustentação ambiental necessária às suas primeiras fases –, que retomarei as contribuições de Klein para explicitar os aprofundamentos que sua teoria das posições pôde realizar na compreensão das relações de objeto mais primitivas. Da mesma forma, usarei algumas das contribuições de Fairbairn que, com sua proposta de que a libido (os indivíduos) tem um impulso ontológico que leva à procura de objetos (à procura do outro) mais do que à procura do prazer (dado que este seria um princípio darwiniano, visando àquilo que é melhor para a sobrevivência da espécie, mais importante do que o princípio do prazer), parece introduzir a questão das reais ações de sustentação ambiental presentes nas relações mais primitivas, momento que, ao que parece, todos concordam estar referido à origem das adicções.

1.3. Aspectos gerais da teoria de Klein para a compreensão das adicções

Com um aprofundamento significativo da teoria psicanalítica sobre o desenvolvimento do ser humano proposto por Melanie Klein, é possível afirmar que ela redescreveu a teoria do desenvolvimento da sexualidade em termos de posições que se sucedem, mas que permanecem como modos de funcionamento do indivíduo, como dinâmicas psicoafetivas que regem as relações de objeto também na vida adulta, patológica ou não. Nesse novo quadro, teríamos também um passo a dar em relação à descrição das dinâmicas que caracterizam os adictos, em termos da compreensão das relações de objeto, dado que o conflito entre o amor e o ódio, os aspectos construtivos e destrutivos do indivíduo (e do objeto), apresenta um novo cenário de conflitos a serem administrados, conflitos que, nos estágios ou dinâmicas mais primitivas, colocam em foco o problema das angústias de aniquilamento.

Retomando, sucintamente, a perspectiva proposta por Melanie Klein, pode-se dizer que, para ela, as fases do desenvolvimento da sexualidade (tal como Freud as descreveu) não correspondem a momentos díspares e separados do processo de desenvolvimento, mas se mostram muito mais misturadas do que Freud supôs (Klein, 1928, 1945). Ela propôs, então, substituir o termo "estágio" ou "fase" pelo termo "posição", sugerindo configurações e agrupamentos de ansiedades e de mecanismos de defesas específicos. Para ela, há duas posições ou dinâmicas básicas que regem os modos de relação com os objetos: a posição esquizoparanoide e a posição depressiva. Ambas expressam diferentes modos de organização da experiência, diferentes dinâmicas e diferentes relações do indivíduo com ele mesmo e com os outros: na posição esquizoparanoide, o amor e o ódio são vividos separadamente, enquanto na posição depressiva são vividos conjuntamente, seja no indivíduo, seja nos objetos (Greenberg & Mitchell, 1983, p. 105). Diz Klein, caracterizando a posição equizoparanoide:

> Na posição esquizoparanoide, que dura mais ou menos até o sexto
> mês de idade, a primeira forma de ansiedade (que surge das relações objetais, relação inicial primordial com a mãe ou o seio) é de
> natureza persecutória; o trabalho interno da pulsão de morte – que,

de acordo com Freud, é dirigido contra o organismo – dá origem ao medo de aniquilamento e essa é a causa primordial da ansiedade persecutória. Além disso, desde o início da vida pós-natal (não considerando aqui os processos pré-natais), os impulsos destrutivos dirigidos contra o objeto incitam o medo da retaliação. Esses sentimentos persecutórios a partir de fontes internas são intensificados por experiências externas dolorosas, pois, desde seus primeiros dias, a frustração e o desconforto despertam no bebê o sentimento de que está sendo atacado por forças hostis (Klein, 1952, pp. 71-72).

Dessa forma, na posição esquizoparanoide, as sensações vivenciadas pelo bebê por ocasião do nascimento e as dificuldades de se adaptar a condições inteiramente novas dão origem à ansiedade persecutória. O conforto e os cuidados dispensados após o nascimento, particularmente as primeiras experiências de alimentação, são sentidos como provenientes de forças boas. Ao falar de "forças", ela diz estar empregando uma palavra um tanto adulta para aquilo que o bebê concebe vagamente como objetos, sejam eles bons ou maus. O bebê dirige seus sentimentos de gratificação e amor para o seio "bom" e seus impulsos destrutivos e sentimentos de perseguição para aquilo que sente como frustrador, isto é, o seio "mau" (Klein, 1952, pp. 71-72).

Nesse estágio, os processos de cisão estão em seu ponto mais alto, e o amor e o ódio, bem como os aspectos bons e maus do seio, são mantidos amplamente separados um do outro. A relativa segurança do bebê baseia-se em transformar o objeto bom em ideal, como uma proteção contra o objeto perigoso e persecutório. Esses processos – isto é, a cisão, a negação, a onipotência e a idealização – são predominantes durante os três ou quatro primeiros meses de vida (Klein, 1946). Dessa forma, em um estágio muito inicial, a ansiedade persecutória e seu corolário, a idealização, influenciam fundamentalmente as relações de objeto.

Na posição depressiva – que sucede a esquizoparanoide –, a criança apreende que é o mesmo objeto que é bom e mau; ou seja, que é o mesmo objeto (a mesma mãe ou o mesmo seio) que ora a satisfaz, ora não; mais ainda, que ela própria tem impulsos amorosos e destrutivos, o que a leva a se perceber como causadora de possíveis danos aos objetos que ama, gerando, assim, ansiedade.

Isso significa que a ansiedade depressiva é intensificada, pois o bebê sente que destruiu ou que está destruindo um objeto amado com sua voracidade e agressão incontroláveis. Além do mais, devido à síntese crescente de suas emoções, o bebê ou a criança, agora, sente que esses impulsos destrutivos são dirigidos contra uma pessoa amada. Processos semelhantes se dão em relação ao pai e a outros membros da família. Essas ansiedades e seus correspondentes modos de defesa do indivíduo constituem alguns dos aspectos centrais do que Klein caracterizou como posição depressiva.

É importante ressaltar que, de maneira similar a Freud, que pensa a teoria do desenvolvimento da sexualidade em termos dos tipos e dos modos de relação com os objetos, Klein também analisa as posições em termos de modos de relação com objetos. Ela mesma afirma, sobre esse seu ponto de partida:

> O uso que faço do termo "relações de objeto" baseia-se na minha asserção de que o bebê, desde o início da vida pós-natal, tem com a mãe uma relação (se bem que centrada primariamente em seu seio) imbuída dos elementos fundamentais de uma relação objetal, isto é, amor, ódio, fantasias, ansiedades e defesas. (Klein, 1952, p. 72)

As adicções seriam, portanto, necessariamente pensadas também em termos dos modos e tipos de relação de objeto, agora focadas nas questões relativas ao conflito entre o amor e o ódio, entre os impulsos libidinais e os destrutivos; especialmente, ao que parece, mais associadas à posição esquizoparanoide do que à posição depressiva.

Melanie Klein não publicou estudos específicos sobre as adicções, mas a história do desenvolvimento dos aportes psicanalíticos sobre esse tema mostra que sua compreensão da teoria do desenvolvimento da sexualidade possibilitou avanços significativos para a abordagem desse assunto. Nessa direção de entendimento, há um conjunto de autores que se apoiam no pensamento de Klein para abordar a questão das adicções, dentre os quais retomarei alguns, especialmente as posições de Kalina (1999) e Herbert Rosenfeld (1968), tendo como objetivo ampliar a compreensão desse modo de ver as adicções.

Com um quadro assim traçado, creio que poderemos entender melhor a especificidade das concepções de Winnicott sobre as adicções e os desenvolvimentos feitos por McDougall, estabelecendo, assim, a base da perspectiva teórica que adotei para fazer os atendimentos clínicos e as elaborações desta pesquisa.

1.4. Alguns desenvolvimentos da perspectiva kleiniana para a compreensão das adicções

Pensando a partir da teoria das posições, Rosenfeld, um expressivo autor de orientação kleiniana, viu nas adicções uma defesa maníaca contra ansiedades primitivas (1968, pp. 149-150). Para ele, a adicção seria um tipo de fixação na posição esquizoparanoide e a droga seria uma maneira de manter o "bom" e o "mau" separados (seja no indivíduo, seja nos objetos). Desse modo, com o uso das drogas, o indivíduo produziria em si uma situação e uma vivência nas quais ele procuraria tanto livrar-se da angústia nas relações com os objetos, quanto evitar (caso essa união do bom e do mal ocorresse) o surgimento de sentimentos depressivos (necessários ao amadurecimento e à chegada à posição depressiva).

Rosenfeld diz que a toxicomania está intimamente ligada à doença maníaca, mas difere desta, pois os mecanismos de defesa maníaco-depressivos são reforçados pelas drogas e modificados pela intoxicação (1968, p. 149).

Para ele, o ego do adicto é fraco (para lidar com as angústias que derivam das relações com os objetos), e não disporia de forças para suportar a depressão (que advém com a integração do amor e do ódio dirigidos e vividos em relação aos mesmos objetos), e é justamente por isso que o adicto recorre às drogas. Elas o auxiliariam a manter o bem e o mal separados.

Para Rosenfeld (1968, p. 150), as defesas maníacas se originam na infância, na posição esquizoparanoide. Assim, as defesas maníacas se relacionam tanto com ansiedades paranoides e depressivas quanto com mecanismos maníacos. Os mecanismos de defesa maníacos a que o adicto recorre para controlar suas ansiedades paranoides são a idealização, a identificação com o objeto ideal e o controle onipotente dos objetos, que podem ser parciais ou totais. Ele prossegue dizendo que, quando esses mecanismos de defesa predominam, ocorre a negação da frustração da ansiedade (principalmente a persecutória), e a parte agressiva e má do eu é expulsa (Rosenfeld, 1968, p. 150). A droga representa o objeto ideal que se pode incorporar, e o efeito tóxico é utilizado como reforço da onipotência dos mecanismos de negação e divisão. A droga é utilizada para o aniquilamento de qualquer situação frustrante ou persecutória. Rosenfeld acredita, no entanto, que não parece uma regressão ao estado de satisfação do bebê ao seio, mas a fase da infância em que a criança utiliza suas fantasias de satisfação alucinatória de desejos para lidar com sua ansiedade (Rosenfeld, 1968, p. 150).

Rosenfeld faz ainda a ligação da adicção com a depressão, dizendo que, para ele, o fator essencial de ligação com a depressão seria a identificação com o objeto doente ou morto. A droga entraria no lugar desse objeto, e a intoxicação seria sua incorporação (1968, p. 152).

Esse autor revela também uma observação sobre a divisão do eu, afirmando que o adicto não consegue lutar contra o sofrimento e a frustração não só pela regressão oral, mas pela divisão de seu ego frágil. Assim, o adicto divide os objetos em idealizados e denegridos, projetando as partes boas e más de seu eu. A parte má de seu eu constantemente se identifica e é projetada nos outros, o que o leva a controlar excessivamente aqueles sobre os quais projeta seu eu, bem como a ser muito dependente e sensível a essas pessoas. Aqui aparece a fixação na posição esquizoparanoide, apesar de, em certos aspectos, alguns adictos parecerem já ter atingido a posição depressiva.

Segundo Kalina, que também considera a gênese das adicções relacionadas a fixações na posição esquizoparanoide, essa fixação viria de uma separação exageradamente hostil da criança em relação ao seio materno. Para ele, o adicto não suporta entrar na posição depressiva e, com a droga, ele evita essa entrada. A posição depressiva é vivida pelo adicto como uma incorporação perigosa de seus aspectos dissociados que poderiam implicar a desintegração total de seu ego, ou seja, a psicose (Kalina *et al.*, 1999, p. 39).

A posição de Kalina também está apoiada na ideia de que o indivíduo pode ter um ego frágil para lidar com as angústias que advêm das relações com os objetos (seio e mãe). Nesse sentido, uma das motivações para o uso de drogas seria o de encontrar, na droga, um objeto para proteger o ego (como se a sua fragilidade implicasse, metaforicamente falando, fendas no ego), funcionando como um dique que evitaria a invasão da angústia. Segundo sua visão, a droga não é o que é, mas o que representa, tendo assim um valor mágico. Por isso, o uso de drogas teria um aspecto psicótico na relação do indivíduo com a realidade.

Segundo José Bleger (1978), existem partes psicóticas na personalidade. Kalina (1999), com base nessa perspectiva, diz que o adicto é uma pessoa que não consegue se separar da mãe, em função tanto do caráter patológico da sua simbiose quanto da irrupção, insuportável, das angústias que derivam dessa separação, angústias típicas da posição esquizoparanoide; ou, dizendo de outra maneira, o indivíduo teme a irrupção de suas partes psicóticas (Kalina *et al.*, 1999, pp. 32-33).

Bleger (1978, p. 50) também considera que a simbiose corresponde, nas psicoses, a uma defesa frente à confusão e aniquilação vivida pelo indivíduo nos estágios iniciais. Para Bleger, a sintomatologia aparece, claramente, quando se rompe a simbiose, sob a forma de crises de pânico ou catastróficas. São projeções maciças sobre um objeto, de tal maneira que no objeto fica uma boa parte do eu do sujeito (Bleger, 1978, pp. 16-17). Dessa forma, a psicose simbiótica apareceria quando se rompe a simbiose, e assim a simbiose ou a procura pela simbiose podem surgir como uma defesa contra as ansiedades psicóticas.[11]

Margareth Mahler (1979), em continuidade com Bleger, também considerou que as psicoses simbióticas se caracterizam por um vínculo de dependência estreito com o objeto externo, apresentando uma teoria do desenvolvimento focada no processo de individuação que, nas psicoses, estaria perturbado.

Para Kalina (1999), a mãe que sabe dosar o processo de separação permite ao filho reconhecer o outro como separado e se autorreconhecer sem que esse processo seja intolerável. Quando o indivíduo tem um ego fraco, essa separação pode gerar sofrimentos primários que não permitam que ele se estruture, o que equivaleria a levá-lo a uma impossibilidade de discriminar-se e discriminar os outros, dado que isso seria sentido como uma ameaça de aniquilação e/ou desintegração. Alguns adictos sentem-se à beira da desintegração, assim a droga aparece como um instrumento de preservação. Mas, na verdade, a desintegração é também produzida, justamente, pela ingestão sistemática da droga.

Isso se relaciona com o que dissemos sobre a fase esquizoparanoide, uma vez que ela finda no momento fundamental em que a criança é capaz de começar a reconhecer o outro como pessoa separada dela mesma.

---

11. É importante ressaltar que a existência de ansiedades psicóticas não significa, necessariamente, a irrupção de uma psicose, pois uma pessoa com funcionamento neurótico pode ter partes psicóticas em seu funcionamento psicoafetivo. (Bleger, 1978, pp. 16-17)

Essa capacidade de reconhecer o outro é produto da consolidação do ego e implica também a conquista da capacidade, pela criança, de entrar no mundo simbólico e de poder substituir o objeto primário por outros objetos, realizando a equação simbólica de que fala Klein (1930), levando a criança para a vida simbólica e cultural (Kalina *et al.*, 1999, p. 34).

No caso da criança que não consegue suportar a separação da mãe e sucumbe às angústias derivadas da posição esquizoparanoide, ocorre tanto uma grande dificuldade no processo de simbolização como a colocação em marcha de outros mecanismos de defesa, tais como a inibição e a cisão; mas também, ao que tudo indica, pode ocorrer a procura posterior de drogas para defesa contra essa situação de fracasso do ego na administração das angústias esquizoparanoides.

Todos os conflitos derivados dessa dificuldade em lidar com as angústias na posição esquizoparanoide podem constituir, posteriormente, muitas das causas fundamentais que induzem um indivíduo a procurar na droga um meio para suprimir a angústia, o medo e as frustrações nascidas da incapacidade de adaptação madura à realidade. Trata-se, nessa perspectiva, de superar a fraqueza do ego por meio do consumo de drogas (Kalina *et al.*, 1999, p. 34).

Kalina considera que o que faz do efeito farmacogênico uma experiência prazerosa é o aumento da autoestima e do ânimo (1999, pp. 34-35). Para ele, o adicto procura atingir essa meta mesmo negando que esse seja o seu objetivo. A ingestão da droga daria ao adicto a ilusão de conter as descargas psicóticas que bombardeiam o ego, mas, quando o efeito tóxico acaba, advém a depressão; a melancolia, relativa ao conflito inicial, volta a se manifestar, agora acrescida de novos fatores: o ego se contrai, e a realidade parece exagerada em suas dimensões. Assim é criada a cadeia que une, num círculo vicioso, o uso da droga – para se defender de uma angústia – à depressão e à desvalorização do ego quando o efeito da droga acaba e o indivíduo volta à mesma solução (cada vez menos satisfatória), procurando na droga a eliminação da sua angústia e o fortalecimento do seu ego (Kalina *et al.*, 1999, pp. 34-35).

Com Willian Ronald Dodds Fairbairn, encontramos uma modificação importante na compreensão do processo de desenvolvimento das relações objetais, impulsionada pela sexualidade, e na própria constituição do eu. Ele ficou célebre pela afirmação de que *a libido procura objetos e não o prazer*. Greenberg & Mitchell dizem, nessa direção: "um princípio fundamental na compreensão de Fairbairn da psicopatologia é que todas as porções do ego estão ligadas a objetos" (1983, p. 112). O que Fairbairn procurou fazer foi uma modificação no que ele considera ser o princípio do funcionamento psíquico. Se, em Freud, o ser humano é pensado por analogia a um sistema termodinâmico que tem excitações que procuram descarga (o que implicaria ter a descarga ou o princípio do prazer como seu fundamento), em Fairbairn temos um ser humano que nasce com um impulso para o relacionamento com o outro (característico da espécie, como derivado do princípio de que todo ser vivo procura, em primeiro lugar, os meios para a sua sobrevivência), dado que esse relacionamento o coloca em condições melhores para se manter na existência. Fairbairn pensa todo o processo de desenvolvimento em termos das relações de objeto não mais como fundamentalmente procurando o prazer, mas, sim, procurando o outro como objetivo e base para a sua sobrevivência. Greenberg & Mitchell comentam essa concepção de Fairbairn:

> As proles de outros animais estão em contato físico direto com as mães enquanto seu desamparo e dependência requerem. Com os humanos, devido a numerosas outras reivindicações domésticas, econômicas e sociais sobre a mãe, este contato intenso e duradouro é raramente possível. A consequência do que Fairbairn considera ser uma separação não natural é que as primeiras relações com objetos tornam-se "más" ou privam. Torna-se demasiado doloroso ansiar por e depender de um objeto que está física ou emocionalmente ausente uma grande parte do tempo. Assim, a criança esta-

belece objetos internos dentro de si que agem como substitutos e soluções para relacionamentos não satisfatórios com objetos externos reais. Estes objetos são completamente compensatórios, não ditados pela natureza de busca de objeto e biológica da libido (Fairbairn, 1941, p. 40). Quanto maior o grau de interferência e privação nas relações com seus objetos "naturais", pessoas reais, maior a necessidade do ego em estabelecer relações com objetos internos. Assim, para Fairbairn, enquanto a psicologia é o "estudo dos relacionamentos do indivíduo com seus objetos", a psicopatologia é o "estudo dos relacionamentos do ego com seus objetos internalizados" (Fairbairn, 1943, p. 60). (Greenberg & Mitchell, 1983, p. 117)

Fairbairn pensa a sequência do processo de desenvolvimento, em termos da qualidade e da complexidade do relacionamento com o outro, considerando que esse processo ocorre em três fases: um primeiro período de dependência infantil; seguido de uma fase de transição; e um terceiro estado de maturidade, no qual o indivíduo chega ao que ele denomina de uma "dependência madura" (1941, p. 34). Para ele, é a passagem gradual de uma maneira infantil de relacionamento com o outro (dependência infantil) para um modo mais maduro no qual há uma capacidade para a mutualidade adulta. Greenberg & Mitchell comentam que o elemento e fator central que regula e determina essa passagem, para Fairbairn, é o processo de separação do indivíduo em relação aos objetos mais primitivos (1983, p. 118). Para os objetivos de compreensão deste trabalho, isso demarca uma ponte importante entre o problema das adicções e o dos relacionamentos adictivos, ambos consideráveis, então, como problemas que advêm das relações de objetos nas fases mais primitivas do desenvolvimento, em termos das necessidades desses objetos para o indivíduo (ou seja, as necessidades desses objetos, como fundamento da sobrevivência e como satisfação das pressões instintuais).

Nesse contexto, a psicopatologia também é pensada em termos do desenvolvimento das relações de objeto, como um tipo de perturbação no desenvolvimento das relações com o outro, o que implicaria uma proliferação de relações com objetos internos compensatórios e uma consequente fragmentação interna.

Mas o que isso significa para a compreensão das adicções? Retomando a concepção de Fairbairn sobre o funcionamento do eu, ele afirma que há um *eu unitário* (diferenciando-se de Freud, para quem o eu advém, num processo de diferenciação, do id) com energia libidinal própria, que busca relações com objetos externos reais. No início, esse eu é inexperiente e, por isso mesmo, não organizado. Se essas relações do eu com os objetos forem satisfatórias, o eu se mantém coeso e inteiro, criando objetos internos identificados com os objetos externos e aumentando sua integração e organização; mas, se essas relações não forem satisfatórias, objetos internos compensatórios são estabelecidos. Nos casos patológicos, há uma proliferação desses objetos internos compensatórios e o eu se fragmenta: "a cisão do eu é uma consequência (*sic*) desta proliferação de objetos internos, uma vez que porções diferentes do eu permanecem relacionadas a diferentes objetos internos" (Greenberg & Mitchell, 1983, p. 120). O processo de desenvolvimento do eu corresponde, para Fairbairn, a uma sequência de relações com os objetos (com os outros), de maneira tal que o eu se identifica com esses objetos tanto na saúde como nos casos patológicos, de modo que o eu e o objeto são inseparáveis: "um objeto sem qualquer porção correspondente do eu é emocionalmente irrelevante" (p.121). Isso o leva, então, a afirmar que o eu "cresce através de relações com objetos" (*idem*). Nesse sentido, a fragmentação do eu e o tipo de relação como os objetos internos é que darão origem às psicopatologias.[12] No caso das adicções, pode-se supor que

---

12. O indivíduo com características obsessivas retém ambos os objetos (bom e mau) internamente e procura dominá-los. O fóbico trata esses objetos como externos, procura fugir do objeto mau e se refugia no objeto bom. O movimento de externalizar o objeto mau, para poder odiá-lo, é característico da dinâmica paranoide. Por fim, no quadro das neuroses, o indivíduo com característica histérica faz o oposto do paranoide, isto é, externaliza o objeto bom e se liga com toda força a ele, em seu mundo externo, ao mesmo tempo em que internaliza e rechaça seu objeto mau em seu mundo interno

o indivíduo procura nos objetos externos a integração que sente faltar em si mesmo. Trata-se de um problema narcísico, por assim dizer, mas um problema narcísico que é pensado não propriamente tomando o eu como objeto de amor, mas tomando a droga como um objeto interno, projetado no exterior, que poderia dar ao indivíduo a coesão que ele sente faltar, uma coesão produzida por sensações corporais. Tal coesão não seria alcançada, pois a coesão de que fala Fairbairn advém da identificação com objetos externos satisfatórios e não pode ser fornecida, por assim dizer, "de fora para dentro".

* * *

Seja na perspectiva de Klein seja na de Fairbairn, temos um ego inicial que é frágil ou inexperiente, um ego que não está ainda coeso, à procura de objetos que possam dar alívio às suas tensões e necessidades, um ego que se defende da angústia e procura reparações para o que ocorre consigo e com os objetos com os quais se relaciona.

Assim, podemos dizer que todos esses autores concordariam com o fato de que, no caso dos adictos, há um problema de relacionamento do indivíduo com seu meio, e esse problema não se refere apenas à busca do prazer ou à fuga do desprazer, mas à necessidade de integração e sustentação do eu. Diversos dos autores citados dizem que o adicto busca nas drogas a fuga das angústias aniquiladoras, angústias que se referem à aniquilação do eu, remetendo o problema do adicto a uma questão relacionada a uma angústia narcísica.

Nessa formulação do problema central do adicto, também deparamos com as questões: quando surge o narcisismo?; quando surge a unidade do sujeito psicológico? Freud parece deixar tal problema em aberto, referindo-se à situação do autoerotismo e, depois, ao narcisismo primário e secundário; Klein parece supor um eu primário, desde o início da vida pós-natal, a partir do qual as relações de objeto são vividas; Fairbairn, também parece considerar a existência de um eu inicial que se desenvolve na relações e identificações com os objetos.

Talvez esteja aqui um dos pontos centrais que diferencia a posição de Winnicott da de Klein e de Fairbairn. Na sua crítica ao livro de Fairbairn, Winnicott refere-se ao fato de que ele parte do princípio de que, no início, já temos um indivíduo maduro para estabelecer relações com objetos reconhecidos como externos:

> Fairbairn começa por um bebê que é um ser humano total, um ser que experiencia a relação com o seio como um objeto separado, um objeto que experienciou e a respeito do qual tem ideias complicadas. É esta maneira de trabalhar que faz o autor teorizar categoricamente que a 'libido busca objetos' etc. (1953i, p. 318).

Considerando, então, que essa suposição, que me parece também ser possível de ser dirigida criticamente a Klein, acaba por obscurecer o que ocorre nas relações iniciais do bebê com a mãe, especialmente no que se refere à relação de dependência, diz Winnicott:

> Parecia que, enquanto Fairbairn esteve se desenvolvendo pessoalmente em acordo com o trabalho psicanalítico honesto, sua teoria foi adversamente afetada pelo fato de ele não haver estado em contato clínico com bebês e casais a criá-los. Em consequência, ele deixa de notar as tremendas diferenças que existem entre as necessidades de bebês "totais" (por jovens que sejam) que experienciam relacionamentos objetais de qualidade oral e aqueles bebês situados no início teórico, que estão emergindo de um estado caracterizado pela identificação primária por haverem experimentado a maternagem. Por causa disso, ele jogou fora seu valioso estudo de dependência na primeira infância. Em qualquer debate do desenvolvimento emocional do bebê, não se deve primeiro decidir se a criança realmente tornou-se ou não (por ser tratada como uma pessoa por seu próprio direito, com necessidades e tensões individuais) um ser separado com respeito à questão da identificação primária? (1953i, p. 321)

CAPÍTULO 2
Aspectos gerais da compreensão psicanalítica das adicções e dos relacionamentos adictivos do ponto de vista de Winnicott e McDougall

Neste capítulo, ao comentar as posições de Winnicott, procurarei mostrar que o que temos no início, para ele, é um bebê imaturo que nada sabe de si nem de suas necessidades, muito menos do que poderia existir fora de uma realidade não-*self*. Temos, na verdade, um amálgama mãe-bebê (situação que ele denomina de narcisismo primário), um amálgama que pouco a pouco se diferencia na direção da constituição de um Eu Sou distinto do mundo (a meio caminho, temos os objetos e fenômenos transicionais, caracterizando o momento em que o indivíduo é e não é o objeto ao mesmo tempo).

Na perspectiva desenvolvida por Winnicott e McDougall é possível afirmar que os sintomas da *adicção* e dos *relacionamentos adictivos* estão relacionados à busca pela integração do eu, à busca de si mesmo e de ter um lugar a partir do qual viver (a partir de si mesmo). Esses sintomas dizem respeito a angústias que foram geradas por falhas de sustentação ambiental, em fases mais primitivas do desenvolvimento emocional. As complicações que podem advir das dificuldades de administração da vida instintiva ou pulsional seriam complicadores da situação patológica inicial gerada pelas falhas ambientais, e não propriamente os fatores mais importantes para a compreensão da gênese das adicções e dos relacionamentos adictivos.

Retomo, então, primeiramente, com mais detalhes, a posição de Winnicott no que se refere tanto ao processo de desenvolvimento afetivo quanto à sua proposta sobre a origem e a dinâmica das adicções.

2.1. A compreensão de Winnicott sobre as adicções

Quando Winnicott apresenta sua proposta de que as adicções estão relacionadas aos fenômenos e aos objetos transicionais, talvez pudéssemos dizer que ele está aprofundando as posições freudiana e kleiniana, desenvolvendo outros aspectos das relações objetais, mostrando as características de outro tipo de objeto, de outro modo de relacionar-se com os objetos que não seriam redutíveis nem à dinâmica que foi descrita por Melanie Klein (como as que caracterizam as posições esquizoparanoide e depressiva), nem à freudiana, e certamente esse parece ser um caminho de aprofundamento. No entanto, Winnicott considera que, na fase da transicionalidade, há um fenômeno, a ação ou atividade do brincar, que não deve ser confundido ou mesmo pensado como redutível à administração da vida instintual. Ele diz isso de diversas maneiras, uma delas diferenciando-a da atividade da masturbação:

> Há algo que desejo afastar do caminho. Nos trabalhos e estudos psicanalíticos, o tema do brincar já foi intimamente e em demasia vinculado à masturbação e às variadas experiências sensuais. É verdade que, quando nos defrontamos com a masturbação, sempre pensamos: o que é a fantasia? E é também verdade que, observando o brincar, tendemos a ficar imaginando qual é a excitação física que está vinculada ao tipo de brincadeira a que assistimos. Mas o brincar precisa ser estudado como um tema em si mesmo, suplementar ao conceito de sublimação do instinto. (1968i, p. 60)

Então, parece que há, na sua posição, algo diferente do que propusera Freud na compreensão das adicções, dado que estas não seriam referidas à masturbação (ou, ainda, a uma questão de relação de objeto que seria pensada em termos do princípio do prazer, na administração da vida instintual), mas aos fenômenos transicionais e à atividade do brincar (díspar em sua natureza e essência de atividade que impulsiona a vida instintual). A ação de brincar é considerada como associada a um tipo de vivência (transicional) que deve ser pensada em si mesma, uma ação espontânea do indivíduo que, por sua vez, não é redutível à busca do prazer, mas a outro tipo de busca. Talvez Winnicott esteja acrescentando algo à compreensão das adicções não associado nem à procura pelo prazer nem à procura pela descarga de excitações; ou seja, há a consideração de outro objetivo para o ato de usar drogas.

Essa perspectiva me parece muito mais próxima das formulações que compreendem que o indivíduo procura um alívio (sustentação) no ambiente, procura reparar o ambiente no qual pode existir, procura integrar-se etc. É uma posição que, a meu ver, parece integrar as perspectivas de entendimento que apresentei até agora, aumentando, assim, a capacidade de descrição desses fenômenos, respeitando-se a sua complexidade.

Em seu artigo sobre os objetos e fenômenos transicionais, Winnicott pergunta: "um investigador que efetuasse um estudo desse caso de vício em drogas daria a devida consideração à psicopatologia manifestada na área dos fenômenos transicionais?" (1953c, p. 37). Essa questão nos leva a pensar que a gênese do comportamento do adicto está na ocorrência de falhas ou traumas na fase da transicionalidade. Essa fase corresponde, para Winnicott, a um momento em que começa a ocorrer a distinção entre o fora e o dentro, o eu e o mundo, não tendo, ainda, sido alcançado o estágio em que há um indivíduo separado do mundo; portanto, não há ainda um indivíduo se relacionando com objetos externos reconhecidos como tais. Os objetos e os fenômenos transicionais correspondem, ao mesmo tempo, a uma união e separação do dentro e do fora, à separação e à união do indivíduo com o mundo, num processo que leva ao amadurecimento, à constituição de uma pessoa inteira distinta do mundo externo.

Retomaremos a maneira como Winnicott caracteriza os objetos e fenômenos transicionais, para depois mostrar que a adicção, como sintoma, corresponde à procura paradoxal, pelo indivíduo, tanto da sua integração quanto da sua separação do mundo, o que também se relaciona à busca e ao encontro de si mesmo.

Antes disso, no entanto, é necessário visualizar a linha geral e as fases que Winnicott considera haver na sua compreensão do processo de desenvolvimento emocional humano do ponto de vista da psicanálise, dado que ela não só explicita que tipo de relação há entre o indivíduo e o ambiente e o indivíduo e os objetos desse ambiente, como também mostra como se constitui e se integra o eu na relação do indivíduo com o ambiente.

Winnicott se refere ao processo de desenvolvimento emocional de diversas maneiras: às vezes comenta as fases de desenvolvimento da libido, tal como Freud propôs nos *Três Ensaios* (fase oral, anal etc.); noutras, tem as posições esquizoparanoide e depressiva como quadro para seus comentários; e, ainda, refere-se ao processo que vai da não integração à integração, do ser para o fazer, do incompadecimento ao compadecimento, da relação com a realidade subjetiva para a objetivamente percebida (passando pela realidade transicional), como, também, da situação que vai da dependência absoluta do início à de independência relativa da maturidade.[13]

Para Winnicott, seguindo uma de suas chaves de classificação (1960c, pp. 45-46), há três grandes fases, todas pensadas em termos da relação de dependência que o indivíduo tem com seu ambiente[14], a saber: a fase da

---

13. Essa teoria do desenvolvimento é apresentada em diversos de seus textos (1945h, 1958j, 1965r, 1965t, 1988). Ainda que ele mesmo não tenha sistematizado sua proposta, alguns comentadores de Winnicott têm tentado fazer uma apresentação sistemática de sua obra (Abram, 2008; Dias, 2003; Fulgencio, 2015; Spelman, 2013a, 2013b).

14. Winnicott apresenta, em termos gerais, a sua compreensão do processo de desenvolvimento; por exemplo, no seu livro *Natureza humana*.

dependência absoluta (da origem aos três ou quatro primeiros meses); a fase da dependência relativa (aproximadamente até um ano e meio), que congrega um período inicial denominado desmame ou desilusão, seguido pela fase da transicionalidade e, depois, pela fase do uso do objeto; e o terceiro momento, a fase rumo à independência, que também é denominada de fase do *concern*, que corresponde a outro nome dado ao que Melanie Klein denominou de posição depressiva.

Apresentando-as resumidamente, para termos uma visão geral desse processo, pode-se dizer que, em termos gerais, Winnicott considera que o indivíduo nasce não integrado, numa fase inicial que denomina de dependência absoluta; segue, integrando-se com a ajuda do ambiente, numa fase denominável de dependência relativa, até o momento em que conquista a possibilidade de distinguir entre o eu e o não-eu; prosseguindo, então, pela fase do *concern*, termo que foi traduzido como *concernimento* (apesar de essa palavra não existir na língua portuguesa) ou preocupação, cujo desenvolvimento o leva a conquistar, na saúde, a possibilidade de se sentir como uma pessoa inteira que se relaciona com os outros (também reconhecidos como pessoas inteiras) num cenário edípico em que o indivíduo tem que administrar sua instintualidade nas relações interpessoais. A transicionalidade corresponde a um dos fenômenos que têm origem na fase da dependência relativa, quando a diferenciação entre interno e externo, entre o eu e o não-eu, ainda não ocorreu de forma mais marcante. Retomo, então, com mais detalhes a descrição das dinâmicas psicoafetivas, as tarefas e conquistas que ocorrem nessas fases, procurando ressaltar alguns aspectos gerais dessas fases em função da compreensão do problema das adicções, e não com o objetivo de fazer uma exposição completa do que ocorre nesse processo.

No início, na fase que Winnicott chamou de dependência absoluta, o bebê não é integrado e é totalmente dependente da mãe ou de quem faz esse papel, sem ter nenhuma ideia ou percepção dessa dependência

(Winnicott, 1955c, p. 371). Nessa fase, os objetos com os quais ele se relaciona (o seio da mãe, por exemplo) são, do seu ponto de vista, derivados de suas necessidades e criados por ele, tendo, assim, um modo de relação com a realidade que ele denomina de subjetivo. É nesse sentido que ele afirma que o bebê não existe (1958d, p. 165), ou seja, não existe sozinho, só por ele, sem que haja sempre um ambiente que o sustente.

Na continuidade do processo de desenvolvimento, ocorre uma diferenciação gradual que levará o indivíduo ao reconhecimento do mundo externo (objetivamente dado) e do mundo interno como distintos, com a constituição e o reconhecimento de si mesmo como uma unidade separada do mundo. Nesse caminho, ocorrerá o processo gradativo de separação entre ele e a mãe. Esse momento de dependência relativa corresponde ao início do processo de separação da criança em relação à situação de "amálgama" (termo usado por Winnicott) inicial com a mãe, e é nessa passagem em direção ao reconhecimento da realidade externa que surgem os objetos e fenômenos transicionais, objetos esses que não estão nem no mundo interno nem no mundo externo da criança. Entre o modo subjetivo de relação com a realidade, que caracteriza a situação de amálgama inicial, e o modo de relação objetivo, no qual há um indivíduo que se relaciona efetivamente com objetos externos, há uma fase intermediária, na qual surgem os objetos e fenômenos transicionais (1953c, p. 14).

Ao explicitar sua concepção sobre o que são os fenômenos transicionais – como um modo de relação com a realidade e seus objetos –, Winnicott afirma:

> Introduzi os termos "objetos transicionais" e "fenômenos transicionais" para designar a área intermediária de experiência, entre o polegar e o ursinho, entre o erotismo oral e a verdadeira relação de objeto, entre a atividade criativa primária e a projeção do que já foi introjetado, entre o desconhecimento primário de dívida e o reconhecimento desta (Diga: 'bigado') (1953c, p. 14)

Ao explicitar sua concepção sobre o que são os fenômenos transicionais, como um modo de relação com a realidade e seus objetos, Winnicott comenta que o objeto transicional é usado tal como se fosse a mãe, no lugar da mãe, fazendo as vezes da mãe, desde que a mãe seja efetivamente uma presença para a criança (1955c, p. 19). Essa presença quer dizer tanto uma presença física como uma certeza de que a mãe não desapareceu (ou seja, ela pode estar ausente fisicamente, mas por um período de tempo x, no qual a criança pode manter a presença da mãe mesmo na sua ausência física; para além desse tempo, a mãe morreu). O objeto transicional é símbolo da mãe, substitui a mãe, mas num sentido específico no qual o faz na presença da mãe. Diz Fulgencio:

> No entanto, se a mãe morre (quer dizer, desaparece por um tempo maior do que o suportável para mantê-la viva, ou presente), então a importância do objeto transicional é inflacionada até a morte afetiva do objeto (indiferença pelo objeto), ele deixa de ser a mãe criada/encontrada/materializada num objeto, passando a ser algo externo e sem valor para a criança (Winnicott, 1953c, p. 24); ou então, num sentido oposto, numa tentativa de negar a morte da mãe, ele se transforma num objeto-fetiche, ou num objeto que vem substituir a mãe morta, supervalorizando o objeto como sendo a mãe, ou melhor, na tentativa de reencontrar a mãe que desapareceu (na sua perspectiva para sempre), ou seja, para além de sua dimensão de tempo subjetivo que pode considerar presente aquilo que está ausente, para além desse tempo não há tempo e tudo é para sempre. (Fulgencio, 2015, texto em fase de publicação e citado com a permissão do autor)

Os objetos e fenômenos transicionais correspondem à percepção de que há um modo de ser do indivíduo em que ele está a meio caminho de se reconhecer como separado do mundo. Trata-se de um momento em que o indivíduo está tão separado quanto unido ao mundo, englobando tanto o mundo externo quanto o mundo interno. Para Winnicott, parece haver uma busca, pelo adicto, daquilo que se vive com os objetos transicionais: estar unido e separado com os objetos, e talvez seja justamente isso o objetivo do adicto, tanto encontrar-se separado como unido ao mundo. Diz Winnicott: "A adicção pode ser descrita como uma regressão a um estágio em que os fenômenos transicionais não eram questionados" (Winnicott, 1953c [1951], p. 331).

É nesse sentido que os fenômenos adictivos aparecem substituindo os fenômenos transicionais. A droga ou outro tipo de objeto-droga, como diz Gurfinkel (2011), vem substituir a mãe ausente. Nessa direção, parece que Winnicott abre um novo campo de investigação com base no estudo dos objetos e fenômenos transicionais.

> Ao descrever a área intermediária entre o erotismo oral e a verdadeira relação de objeto, Winnicott nos brinda com um pensamento que permite compreender como se dá a gênese da construção do eu e do objeto significativo para determinado sujeito, e de como nessa etapa decisiva do desenvolvimento se assentam as bases para a saúde e para a capacidade de simbolização que a caracteriza. A adicção pode ser compreendida então como parte da psicopatologia manifestada nas áreas dos fenômenos transicionais, já que a droga, no caso, é um objeto-fetiche que expressa o fracasso na passagem do estágio de dependência absoluta para a dependência relativa. A função de objeto-fetiche é modificada de elemento de comunicação para negação da separação, e aqui encontramos uma falha simbólica que marca profundamente a vida do sujeito. (Gurfinkel, 2001, p. 226)

O padrão de relacionamento da criança com o mundo, caracterizado por Winnicott como o dos fenômenos transicionais, começa a surgir, para ele, por volta dos seis meses de idade. Ele afirma que existe, para todo indivíduo que chegou a uma unidade, um interior e um exterior, mas que isso não é suficiente para descrever os modos de relação dos indivíduos (crianças ou adultos) com o mundo. Há, pois, a necessidade de considerar uma área intermediária de experimentação, para qual contribuem tanto a realidade interna quanto a vida externa, uma área intermediária entre o subjetivo e aquilo é objetivamente percebido. Essa área é, ao mesmo tempo, uma área de ilusão (1953c, p. 15) – a de criar o mundo – e de realidade, que vai ao encontro do mundo externo "real" (por oposição à "ilusão"). Winnicott considera que os objetos transicionais são criados e encontrados, o que caracteriza determinado tipo de fenômeno.

Mais ainda, não são apenas os objetos que são criados e encontrados, o próprio indivíduo (seu *self*) é criado e encontrado nessa dinâmica. A possibilidade de se relacionar com objetos, em termos da transicionalidade, corresponde também ao início da possibilidade de brincar e de simbolizar (1953c, p. 19), um tipo de atividade na qual o indivíduo encontra a si mesmo e o outro, um tipo de atividade em que o indivíduo é criativo e se relaciona com o mundo.

O destino do objeto transicional é que ele deixe de ser investido afetivamente, ou seja, descatexizado, perdendo o significado. Isso acontece porque os fenômenos transicionais se tornam difusos e se espalham pela vida cultural e relacional, levando o indivíduo, na saúde, à vida grupal e cultural, sem perda de si mesmo. Para Winnicott, a compreensão da dinâmica que caracteriza os fenômenos transicionais leva à compreensão do que é o brincar, da criatividade, da produção artística, do sentimento religioso, do sonhar, como também do fetichismo, do mentir, do furtar, da origem e da perda do sentimento afetuoso, e, como foco de análise dessa compreensão que Winnicott tem das adicções, além de outros fenômenos associados ao uso de objetos, tais como o talismã dos rituais obsessivos etc. Diz ele:

> Trata-se, em nosso ponto de vista, de associar os objetos e fenômenos transicionais a um conjunto de fenômenos que integram, unem e separam o indivíduo do mundo. Nesse sentido, a adicção

seria uma tentativa de integração, de procura de si mesmo, paradoxalmente realizada com o uso das substâncias que alteram a percepção de si mesmo (as adicções químicas) e com a ação de intensos processos identificatórios, nos quais um indivíduo se perde e se mistura no outro. A nosso ver, a droga não é a busca do prazer, nem a de um objeto perdido, nem a rejeição da lei ou da castração, mas o instrumento para sentir a si mesmo. (1953c, p. 19)

Dado o foco da compreensão de Winnicott sobre as adicções, isso nos leva a considerar que o problema das adicções é o da união e da diferenciação entre o dentro e o fora, entre o mundo subjetivo e o objetivo, ou ainda, noutros termos, um problema que diz respeito à diferenciação e encontro entre o indivíduo e o mundo exterior, num momento em que, paradoxalmente, eles estão juntos e separados.

Quando ocorrem falhas nesse momento da experimentação inicial da transicionalidade, o indivíduo reage de diversas maneiras, seja regredindo ao modo de funcionamento anterior (criando um mundo próprio), seja procurando um substituto para os objetos transicionais ou um substituto que torne possível a vivência dos fenômenos transicionais. Quando ocorre esse segundo tipo de reação, temos tanto a origem de objetos-fetiche quanto a origem de modos de relação com objetos que possam fornecer a sensação de união e distinção com o mundo. Creio que as adicções, do ponto de vista de Winnicott, dizem respeito a esses dois modos de reagir: a droga como objeto-fetiche e a droga como modo de gerar um tipo de sensação. Assim, o indivíduo que vive ou viveu falhas nesse período da transicionalidade retomará o estado de tensão que caracteriza esse momento do passado, procurando uma solução num modo de relação que retome a vivência da transicionalidade via uso de drogas ou relações de dependência. Assim, a comida, as drogas, o álcool, o tabaco ou a relação com os outros podem, temporariamente, encobrir a falha na constituição de si e, em outras palavras, preencher uma função ambiental, materna. O uso de substâncias ou mesmo a atuação na efetivação de relacionamentos de dependência patológica são uma tentativa de retomar o que o indivíduo tinha na relação com os objetos transicionais da infância, ou seja, a união e a distinção de si mesmo e do mundo.

No entanto, essa solução, ainda que pareça inicialmente cobrir uma lacuna, corrigindo uma experiência passada (Winnicott, 1945h, p. 36), fracassa na sua estabilidade pelo fato de ser uma tentativa de solução externa para problemas internos, fornecendo somente um alívio temporário ao sofrimento psíquico, seja em termos de se sentir a si mesmo como real ou de se constituir na relação com os outros.

Caberia, então, na continuidade desse tipo de análise, explicitar um pouco mais quais seriam algumas das condições ambientais que tornam possível à criança integrar-se num eu. Ou seja, devemos referir e descrever um pouco mais o que está ocorrendo nos estágios iniciais anteriores à fase da transicionalidade para que possamos ter uma compreensão mais plena, e talvez mais operativa, do ambiente necessário para que um indivíduo se integre e não precise – no quadro desse tipo de compreensão – usar qualquer tipo de droga (das químicas até às relações com os outros, quando estas são adictivas) para se encontrar a si mesmo. Isso é fundamental não só para a compreensão da transicionalidade, mas porque talvez indique e evidencie outro fenômeno que pode estar relacionado com a questão da adicção em termos dos tipos de acontecimentos e de sensações corporais que parecem ser uma das características principais buscadas pelo uso da droga.

Winnicott (1954a, p. 335) descreve o conceito de mãe suficientemente boa como aquela que teria a capacidade de entender e atender às necessidades da criança, ou seja, a mãe que pode fazer um *holding* adequado para o bebê: o *holding* inicial atende a um bebê que é totalmente dependente da mãe, um bebê que nem mesmo tem a capacidade maturacional de reconhecer que existe um ambiente do qual depende.

Winnicott diz que, no início, não existe para o bebê uma realidade que não seja ele mesmo, não existe uma realidade não-*self* (1988, parte IV, cap. IV e V). Afirma ele:

> em sua terminologia, a mãe suficientemente boa é aquela que é capaz de satisfazer as necessidades do bebê no início e satisfazê-las tão bem que a criança, em sua saída da matriz do relacionamento mãe-filho, é capaz de ter uma breve ilusão de onipotência. (1965n, p. 56)

A criança tem a ilusão de que o mundo aparece e desaparece de acordo com as suas necessidades, como se das suas necessidades é que adviesse o mundo.

A mãe pode fazer isso porque ela se dispôs temporariamente a uma tarefa única, que é a de cuidar de seu bebê. Sua tarefa se torna possível porque o bebê tem a capacidade – quando a função do ego auxiliar da mãe está em operação – de se relacionar com objetos subjetivos (ou seja, aqueles objetos que, do ponto de vista do bebê, são criados por ele a partir de suas necessidades, mas que, do ponto de vista do observador, são oferecidos ao bebê). Certamente isso não ocorre o tempo todo e a realidade externa acaba por se impor em maior ou menor intensidade. Nesse aspecto, o bebê pode chegar de vez em quando ao princípio da realidade, mas nunca em toda a parte de uma só vez; isto é, o bebê mantém áreas de objetos subjetivos juntamente com outras em que há algum relacionamento com objetos percebidos objetivamente, ou de objetos não-eu (Winnicott, 1965n, p. 565).

Para Winnicott, nesse estágio que se está discutindo aqui, é necessário não pensar o bebê como uma pessoa que sente fome e cujos impulsos instintivos podem ser satisfeitos ou frustrados, e sim como um ser imaturo que está continuamente a ponto de sofrer uma falta de sustentação ambiental que, para ele, pode significar seu aniquilamento. Essa angústia de aniquilamento da existência é caracteriza por Winnicott como uma ansiedade inimaginável (1989vl, pp. 99-100). Nesse momento, em seu estado de imaturidade, o bebê não só não tem como se defender desse tipo de falha ambiental como também não tem, ainda, uma capacidade para imaginar ou pensar esse tipo de falha. O bebê (ou a criança) pode ser protegido desse tipo de ansiedade em função da sustentação ambiental (que, ao se adaptar a suas necessidades, evita que tais angústias surjam). Essa angústia pode então ser evitada pela função vitalmente importante da mãe nesse estágio: a da capacidade de se pôr no lugar do bebê e saber o que ele necessita no cuidado geral de seu corpo e, por consequência, de sua pessoa.

Esse tipo de adaptação possibilitará que a criança tenha uma série de experiências corporais e afetivas, que ela "crie" ou "encontre" um tempo e um espaço próprios e subjetivos que serão a base de sua integração como pessoa. É nesse período que surge, em função da adaptação ambiental, aquilo que Winnicott denominou de a capacidade de ter "fé em..." (cf. Winnicott, 1963d, 1986k), ou seja, de ter a sensação de que há algo no mundo que pode interessar ao indivíduo. É também nesse período inicial que Winnicott afirma que ocorre, de forma mais significativa, o que ele chama de personalização ou alojamento da psique no corpo. Esses acontecimentos ou conquistas do desenvolvimento correspondem a processos de integração do indivíduo que o impulsionam para a fase da transicionalidade, mais tarde, para a fase do *concern* (ou da posição depressiva), com a constituição de um eu que se relaciona com outros eus, tanto em termos de processos identificatórios quanto relacionais.

Winnicott (1958g, p. 34) diz, como um dado do processo de integração do indivíduo, que a capacidade de ficar só surge de um paradoxo: somente se sentindo acompanhada, pela presença da mãe, é que a criança pode ficar só. A capacidade de estar só depende da existência de objetos bons para o indivíduo (utilizando uma linguagem que se origina dos conceitos de Klein). Mas o que é um objeto bom? Parece que, nessa perspectiva, um objeto bom é aquele que está de acordo com as necessidades do bebê ou da criança:

> Um objeto interno bom, junto com a confiança em relações internas, lhe dá auto-suficiência para viver, de modo que ele ou ela pode descansar contente mesmo na ausência de objetos e estímulos externos. Maturidade e capacidade de estar só significam que o indivíduo teve oportunidade, através da maternidade suficientemente boa, de construir uma crença num ambiente benigno. Essa crença se constrói através da repetição de gratificações instintivas satisfatórias. (Winnicott, 1958g, p. 34)

Partindo da situação inicial de não integração, mas sustentados pelo ambiente (mundo subjetivo), ocorrerão diversos processos integrativos, levando ao momento em que o eu e o mundo estão unidos e separados (mundo transicional) e à conquista do "eu sou separado do mundo", do "eu sou uma pessoa inteira que se relaciona com os outros como pessoas inteiras".

Um indivíduo só poderá atingir o estágio do "eu sou" se existir um meio protetor; o meio protetor é de fato a mãe preocupada com sua criança e orientada para as necessidades dela por meio de sua identificação com a própria criança.

Somente aqueles que puderam ter esse tipo de cuidado inicial é que terão a possibilidade de estar sós. Estar só é uma decorrência do "eu sou". É aceitando a importância da capacidade de estar só que a criança pode descobrir sua vida pessoal própria. Para salientar esse aspecto do problema das adicções, é interessante notar que Kalina (1999) comenta o fato de que os adictos têm grande dificuldade de ficar sós:

> O dependente não suporta a solidão justamente porque, nela, fica sem apoio, ou melhor, porque na solidão volta a experimentar a insuficiência do apoio recebido quando era criança. Esse reencontro com o ausente (os afetos) tem para o dependente o efeito de uma

catástrofe. O fato de a solidão equivaler à vivência de morte deve-se, precisamente, a isto: a solidão adquire o caráter de uma experiência na qual o dependente se percebe vazio, isto é, sua inconsistência. Trata-se de um sentimento de impotência irreversível, na medida em que, dominado por ele, o dependente não tem a que ou a quem recorrer para suportá-lo e, muito menos ainda para superá-lo. Assim, o ato drogadictivo pode ser visto como uma prevenção: o dependente o realiza para evitar que se manifeste, com toda sua contundência, a experiência desintegradora da solidão-morte. Paradoxalmente, consumando este ato de maneira sistemática (isto é, claramente adictiva), vê-se favorecida a irrupção da definitiva aniquilação. (Kalina *et al.*, 1999, p. 34).

Ao desenvolver o que são os objetos e fenômenos transicionais, Winnicott também introduz a questão do brincar como um modo de ação do indivíduo que está associado a esse tipo de relação objetal. Ele considera, assim, que na atividade do brincar o indivíduo cria e encontra o mundo; mais ainda, que nessa atividade ele expressa e encontra a si mesmo: "É no brincar, e somente no brincar, que o indivíduo, criança ou adulto, pode ser criativo e utilizar sua personalidade integral; e é somente sendo criativo que o indivíduo descobre o eu (*self*)" (1971r, p. 80).

Mas o brincar, para Winnicott, não tem como fundamento a procura do prazer, e sim a procura da expressão do si mesmo, uma expressão que é, ao mesmo tempo, o encontro com o si mesmo. É nesse sentido que Winnicott procura separar do brincar a questão da masturbação, diferenciando uma ação da outra. Diz ele:

> É possível que tenhamos perdido algo pela vinculação demasiadamente estreita que temos feito em nossas mentes desses dois fenômenos (brincar e atividade masturbatória). Tenho procurado demonstrar que o elemento masturbatório está essencialmente ausente no momento em que uma criança brinca; ou, em outras palavras, quando uma criança está brincando, se a excitação física

do envolvimento instintual se torna evidente, então o brincar se interrompe ou, pelo menos, se estraga. (1971r, p. 60)

Para Winnicott, esse brincar será a base do processo que leva ao encontro e à comunicação com o outro na vida do homem em cultura (cf. Winnicott, 1967b, 1971q) e também, ao encontro de si mesmo e ao encontro do outro.

Podemos, então, afirmar que ele considera que as adicções são também, ou essencialmente, um modo de procura do *self*, uma maneira de buscar e encontrar uma identidade unida e separada do mundo, uma busca desesperada do indivíduo que, por meio do uso das drogas e seus efeitos corporais, parece fornecer, paradoxalmente, o sentimento de estar unido e separado do mundo.

Joyce McDougall aprofundou essa perspectiva apresentada por Winnicott ao formular uma tese própria sobre a gênese e a dinâmica das adicções, reconhecendo que estas, além de poderem ter sua origem em falhas na fase inicial de experimentação dos fenômenos transicionais, também podem ser geradas em função das angústias vividas tanto no período anterior ao da transicionalidade (angústias de aniquilamento, angústias denominadas por Winnicott como impensáveis e surgidas antes da constituição de um eu distinto do mundo externo), como em momentos posteriores (angústias que derivam das relações objetais propriamente ditas, quando os objetos são reconhecidos como externos e a relação com eles já está colocada no quadro do cenário edípico, no qual as angústias de castração podem ser intensas). Além disso, ela também reconhece outro tipo de fenômeno patológico, ao qual denominou *relacionamentos adictivos*; a meu ver, um fenômeno próximo do que Radó já havia nomeado de "adictos do amor" e do que Glover denominou de "adictos sem drogas". No próximo tópico, procuro explicitar qual é a sua perspectiva de entendimento tanto das *adicções* quanto dos *relacionamentos adictivos*.

2.2. A compreensão de McDougall sobre as adicções e os relacionamentos adictivos

Joyce McDougall elaborou uma concepção própria do que é a dinâmica psíquica das adicções, mostrando também como essa dinâmica está presente em muitos tipos de relações nas quais não há uma droga como objeto específico, mas cuja dinâmica se assemelha à que caracteriza as adicções. Neste tópico procuro retomar o essencial de suas propostas de entendimento das adicções, visando focar alguns pontos que me servem de referência para a compreensão do que são os relacionamentos adictivos.

Dentre seus textos, o que me parece ser uma versão mais madura e elaborada das concepções de McDougall é o artigo "L'économie psychique de l'addiction"(2001), ainda que seu entendimento dependa da compreensão de seus trabalhos anteriores (especialmente 1991,1992). Nesse sentido, apresentarei sua concepção sobre a origem e dinâmica das soluções adictivas, apoiando-me nesse artigo e acrescentado um ou outro ponto quando considerar que eles contribuem para a compreensão de meu tema.

O modo como Freud e Klein explicam o fato de alguém se tornar um dependente químico diz respeito à maneira como a pessoa administra suas pulsões nas relações interpessoais e interfamiliares ou como essa pessoa administra suas relações de objeto. Para McDougall (2001), trata-se de compreender a drogadicção, principalmente, como associada à relação inicial com a mãe, perspectiva na qual a relação de dependência com o ambiente é posta em evidência e a relação com o objeto transicional precisa ser distinguida das relações de objeto no seu sentido clássico, dado que ele não é um objeto externo. Nesse sentido, a dependência nos casos de drogadicção será pensada tanto em termos da procura de um objeto (tal como deriva da compreensão clássica das relações de objeto) quanto em termos das relações de dependência do ambiente (incluindo aqui a compreensão dos fenômenos transicionais).

Para McDougall, a procura por adictivos corresponde, na verdade, a um mecanismo presente na vida cotidiana saudável, mas que, em alguns casos, torna-se um tipo de vício. No caso da dependência química, o que ocorre é que o adicto usa a droga como a única alternativa que encontra para aliviar ou mesmo procurar suprimir seus sofrimentos; o adicto é, na verdade, um tipo de escravo da droga, como sua "única solução para escapar da dor mental" (2001, p. 11). De modo geral, todo dependente químico é alguém que procura uma descarga de suas tensões psíquicas internas – seja essa tensão prazerosa ou dolorosa, tanto produzida a partir de seu interior quanto gerada por fatores externos (2001, p. 12) – via uma solução "externa", física, levando-o a um tipo de compulsão. Diz McDougall nesse sentido:

> Nós podemos propor, então, que a dimensão mais urgente da economia psíquica que subentende a conduta adictiva é a necessidade de se livrar tão rapidamente quanto possível de todo sentimento de angústia, de cólera, de culpabilidade ou de tristeza que fazem sofrer, até mesmo sentimentos aparentemente agradáveis ou excitantes, mas são vividos inconscientemente como a serem evitados ou perigosos. A partir da descoberta da solução adictiva, torna-se compulsivo a reencontrar ante a todo sofrimento psíquico. Em resumo, a dependência implica sempre uma mistura de dor e prazer. (2001, p. 15)

Para ela, essa afecção patológica é um sintoma que tem origem nos estágios mais primitivos do desenvolvimento afetivo e está ligado à relação do bebê ou à criança com a mãe e os cuidados (falhos) que ela fornece, relação marcada tanto pela procura da união com a mãe quanto pelo pavor de ser devorado por ela (2001, p. 18). A observação clínica descrita por McDougall revela que a mãe representada por pacientes que recorrem à adicção é composta por dois tipos, uma que cuida e outra que é incapaz de cuidar da situação de dependência do bebê:

Procurando resumir as representações maternais de meus pacientes que sofrem de compulsões alimentares, eu observei que eles atribuem frequentemente duas características contrárias a suas mães: por um lado, a mãe é descrita como alguém que recusa o menor contato corporal [o que pode ser interpretado como um terror da mãe de ser devorada, absorvida e esvaziada por seu bebê] e, por outro lado, as crianças a vêem como superprotetora e dependente deles. Num certo sentido, essas mães são apresentadas como muito concernidas pelos sofrimentos físicos de suas crianças, mas mantendo-se incapazes de entender e compreender suas dores psíquicas.(2001, p. 18)

Num certo sentido, talvez retomando algumas das contribuições feitas por Melanie Klein, McDougall considera que nesses pacientes convivem uma representação interna de uma mãe "boa" e outra de uma mãe "má" que o paciente luta para controlar, encontrando na droga um meio (externo) que parece oferecer uma solução pra seu conflito. Diz ela: "O objeto externo privilegiado desses analisandos é um substituto da mãe primitiva, sentida sucessivamente como excessivamente 'boa' e excessivamente 'má': ao mesmo tempo, é um objeto-coisa a ser controlado a seu bel-prazer" (1992, p. 62).

McDougall diz, ainda, na procura de descrever a situação específica que daria origem ao sintoma adicção, que cada criança, inicialmente em relação simbiótica com a mãe, precisa encontrar uma solução para o problema da separação desta, dado que a permanência nessa situação impossibilitaria sua própria existência (2001, p. 18). Apoiando-se na compreensão que Winnicott tem dos estágios iniciais do desenvolvimento, ela procura, então, esclarecer os fenômenos em jogo na situação mãe-bebê que caracteriza as relações mais primitivas. Retomando a fórmula de Winnicott – "um bebê, isso não existe!" –, ela comenta o fato de que nunca encontramos um bebê sozinho, que sempre há alguém que se ocupa dele, para salientar que o bebê tem uma relação simbiótica com a mãe (2001, p. 21). No mesmo sentido em que Winnicott fala da "dupla amamentante" (1958d, p. 165), McDougall se refere ao fato de que, no início, o que temos é uma "constelação mãe-bebê"; isso quer dizer que o bebê é completamente dependente da provisão da mãe, tanto em seu útero como no começo de sua vida como lactente. No início, é a mãe quem faz um ambiente favorável para o bebê; ela é o ambiente, por assim dizer, precisando naturalmente do apoio do pai da criança e de todo o entorno familiar. Quando o bebê nasce, a mãe, por determinações fisiológicas e psicológicas, fica em um estado regredido próprio e adequado para a compreensão (interpretação adequada) do que o bebê necessita – o estado de preocupação materna primária, tal como caracterizado por Winnicott(1958n), que diz que, no fim da gravidez e nas primeiras semanas depois do nascimento, a mãe está devotada ao cuidado do bebê, que parece ser parte dela mesma. Para isso, a mãe usa as próprias histórias e experiências, especialmente as que teve quando foi cuidada como bebê, mas também o conjunto de experiências posteriores do mesmo tipo (1965r, p. 81). Nos primeiros meses, com a mãe nesse estado de "preocupação materna primária" e o bebê sem saber nada de si e do ambiente, ocorre uma experiência profunda de dependência que Winnicott denomina de dependência absoluta – o termo "absoluta" refere-se ao fato de que o bebê depende do ambiente (mãe) sem ter a mínima noção de que depende, e que, para o bebê, não há um ambiente separado dele mesmo (1965r, p. 81). A mãe sustenta o bebê no tempo, quer dizer, ela atende às necessidades físicas e emocionais do bebê de uma maneira que ele não se desilude, não se desespera e tem o sentimento de que é sustentado, ou seja, atendido. Diz McDougall sobre essa experiência: "Uma mãe 'suficientemente boa' – no sentido winnicottiano do termo – experimenta os sentimentos de se fundir com seu bebê ao longo das primeiras semanas de vida" (2001, p. 21). Somente se a mãe estiver nesse estado é que ela poderá se sentir no lugar do bebê e atender suficientemente a suas necessidades – sem a quebra dessa linha de ser do bebê[15]. Essas necessidades são tanto as que se referem ao corpo (à vida instintual) quanto as necessidades de ser ou às necessidades do ego (como ser sustentado, ter seu gesto atendido, não ser invadido etc.). As falhas da mãe nessa fase são sentidas como ameaças à existência pessoal do eu do bebê. Em termos gerais, pode-se afirmar que, para Winnicott, o desenvolvimento corresponde a uma linha que vai da indiferenciação entre bebê e ambiente, segue como uma homeopática e gradual diferenciação até que o indivíduo se integre em um "eu sou" (separando mundo interno e mundo externo), e prossegue até a possibilidade de estabelecer relações a três corpos no quadro do cenário edípico. Dito de outra forma: o amadurecimento é o caminho que vai da dependência absoluta à dependência relativa (Winnicott, 1971d, p. 210). Para ele, o bebê apresenta, em sua constituição, uma tendência inata para a integração (1965m, p. 65). A mãe que pode desenvolver a preocupação materna primária fornece um contexto em que essa tendência pode efetivar-se, a fim de que o bebê comece a experimentar movimentos espontâneos e se torne dono das sensações correspondentes a essa etapa inicial da vida. Se a mãe proporciona uma adaptação suficientemente boa à necessidade do bebê, à linha de vida, àquilo que Winnicott define como o ser e a capacidade de ser da criança, há muito pouca perturbação em razão de reações à intrusão, que interromperiam o continuar a ser do bebê (1987a, p. 79).

Uma das origens das adicções, para McDougall, corresponde, pois, a falhas nesse período de sustentação inicial. Entre essas falhas descritas, uma diz respeito à permanência dessa "simbiose", permanência excessiva da adaptação materna, não dando espaço para que a criança possa sentir que ela não é apenas formada a partir de fora. McDougall considera que a fusão inicial com a mãe pode persistir para além das fases mais primitivas do desenvolvimento e, se isso ocorrer, pode se tornar uma re-

---

15. Ao caracterizar a linha da continuidade de ser como fundamento da existência, Winnicott afirma: "A base de todas as teorias sobre o desenvolvimento da personalidade humana é a continuidade, a linha da vida, que provavelmente tem início antes do nascimento efetivo do bebê" (1987a, p. 79).

lação persecutória e patológica para a criança. As adicções seriam, nesse sentido, tentativas de retomar essa relação fusionada.

Por um lado, é sustentada pela adaptação materna na saúde que uma criança pode desenvolver sua vivacidade emocional, sua inteligência e sua eroticidade corporal. A criança depende da mãe real, como um objeto (no sentido psicanalítico do termo) externo real, para se sentir integrada em si mesma. No entanto, nos casos em que a mãe não dá espaço para a criança, nos casos em que a mãe vive os cuidados com a criança de forma ambígua, ela pode, diz McDougall, "*inibir* o valor narcísico desses aspectos em seu bebê, sobretudo se o bebê servir para atender a necessidades frustradas de seu próprio mundo interno" (2001, p. 21).

Podemos caracterizar esse período inicial ao distinguir dois conjuntos de acontecimentos (ou de adaptação ambiental): no primeiro, a criança está numa relação de dependência absoluta da mãe; no segundo, estando a criança num processo de homeopática diferenciação entre ela e o que advém do mundo exterior, ou seja, já tendo amadurecido a ponto de criar-encontrar os objetos de que necessita, ela vive a fase da transicionalidade (o modo de relação transicional, a relação com os objetos transicionais), que, por sua vez, também depende da sustentação ambiental (ou, de maneira mais sintética, da mãe). Por um lado, considerando o primeiro conjunto de acontecimentos, quando ocorrem falhas, a criança é levada a sentir as denominadas "angústias impensáveis" (quebrar em pedaços, cair para sempre, não ter conexão alguma com o corpo, carecer de orientação), tal como descreve Winnicott (1965n, p. 57). Quando a falha de sustentação diz respeito à fase da transicionalidade, as angústias são de outro tipo, talvez referidas à falta de integridade que diferencia e une o eu e o mundo. Numa maneira mais ampla, ainda, considerando que há outras angústias (referidas a fases posteriores à da transicionalidade, mais próximas às angústias neuróticas), McDougall afirma sobre as angústias de seus pacientes adictos:

> Resulta que a análise de pacientes severamente adictos mostra fre-

quentemente a existência de angústias por sua vez neuróticas e psicóticas. Como todos sabem, as crenças neuróticas entravam o acesso ao prazer sexual e narcísico, enquanto as angústias psicóticas ameaçam o senso de identidade, de integridade corporal e da vida ela mesma. Em consequência, para além do reino das metas libidinais e pré-genitais com suas angústias concomitantes, nós encontramos o erotismo arcaico e mortalmente perigoso expresso por meio de fobias tais como medo de água ou de espaços fechados ou vazios, as crenças de que se vai dissolver ou explodir ou ainda de ser invadido por implosão ou inflação. No curso da análise, outras angústias podem surgir, ligadas à expectativa angustiante de ser esvaziado, vampirizado, cair aos pedaços ou, na relação com o outro, de ser submetido por forças contra as quais é impossível lutar. (2001, p. 19)

Mantendo o foco na maneira como McDougall compreende a fase da transicionalidade, mostro a seguir como ela descreve esse tipo de origem dos sintomas adictivos:

O objeto transicional, quando consegue realizar sua missão, é um pequeno objeto inanimado que encarna o postulado da autocriação, pois é a própria criança que cria o sentido dele – mas o segredo de seu sucesso reside no fato de que encarna para a criança a imagem da mãe ou, mais exatamente, do ambiente maternante, portanto, de uma imagem *em vias de introjeção*, mas que está sempre longe de ser uma identificação simbólica. A criança ainda não está em condições de assegurar para si mesma essa função maternal. O objeto ou a atividade transicionais representam para a criança a união com a mãe e a ajudam a suportar afetivamente sua ausência, assim como, num segundo tempo, a palavra "mamãe" lhe permite pensar nela durante sua ausência. (1992, p. 60)

No entanto, quando ocorrem falhas, seja no período anterior, seja especificamente nessa situação, a criança vive um tipo de fracasso na sustentação ambiental, um fracasso que coloca sua existência emocional em risco, surgindo uma angústia que diz respeito à vivência da integração que tornará possível diferenciar dentro e fora, da passagem do mundo subjetivo para o mundo objetivamente reconhecido como tal. Nesse momento de fracasso da sustentação ambiental, a criança não pode contar com os cuidados da mãe nem com a possibilidade de uso dos objetos transicionais (nesse caso, substitutos da mãe). Quando isso ocorre, diz McDougall:

> [...] a criança corre o risco de ter apenas um recurso: clivar-se em dois, uma parte se fecha sobre o mundo subjetivo interno e outra se vira em direção ao mundo exterior sobre a base de uma adaptação complacente àquilo que é solicitado pelos outros, completamente afastada da realidade psíquica íntima. O indivíduo corre o risco de viver daqui em diante como "absolutamente não real", como não compreendendo nada desse mundo, como nada podendo reter – em suma, como "vazio". (1992, pp. 60-61)

De modo que, para McDougall e para Winnicott, quando ocorrem falhas tais como as indicadas anteriormente, o indivíduo poderá, retomando o estado de tensão que caracteriza esse momento do passado, procurar uma solução em objetos externos como a droga. Desse modo, a comida, as drogas, o álcool, o tabaco ou a relação com os outros podem temporariamente encobrir o estresse psíquico e, em outras palavras, preencher uma função maternal que a pessoa adicta é incapaz de fazer por ela mesma. As drogas parecem reproduzir, ainda que momentaneamente e de maneira fugaz, a sensação de união-separação com o mundo, a de ter um corpo que está ligado ao mundo, mas é diferente dele (um fenômeno com características próximas às das vivências com os objetos transicionais). Esses objetos adictivos procuram substituir os objetos transicionais da infância (que incorporaram o ambiente maternal) e, ao mesmo tempo, deveriam ter liberado a criança de sua relação de dependência com a mãe.

No entanto, contrariamente aos objetos transicionais (e mesmo considerando-se que esses objetos substitutos tentam cumprir a função dos objetos transicionais), os objetos adictivos fracassam pelo fato de não poderem substituir uma pessoa, uma relação de comunicação, uma relação que gera um fenômeno transicional que se sustenta no tempo. Poder-se-ia dizer, então, que o uso de drogas corresponde muito mais a uma tentativa de ordem somática do que de ordem psicológica, na busca de uma solução relacional consigo mesmo e com o outro. Talvez seja essa a razão pela qual McDougall denominou os objetos adictivos de "objetos transitórios" – tendo sempre de ser recriados por estarem sempre do lado de fora (1992, p. 55); como também propôs o termo "neonecessidade" para descrever a problemática da adicção (McDougall, 1995, p. 188). Ela diz que as neonecessidades são criadas por frágeis pacientes fronteiriços como uma tentativa ilusória de encontrar soluções para conflitos esmagadores (1995, p. 188).

Do ponto de vista de McDougall, o problema dos adictos diz respeito às suas dificuldades de separação e individuação. O objeto-droga, procurando substituir a sustentação ambiental dada de modo falho pela mãe (seja na fase da transicionalidade, seja antes dela), está no lugar marcado pela ambiguidade, dado que esta mãe é sentida como ora boa, ora má. Para McDougall, a droga vem a ser um objeto-coisa, associado a essa relação ambígua com a mãe, mas um objeto sobre o qual o adicto procura ter todo o controle (1992, p. 62). O objeto-droga é visto como bom, como a solução para o indivíduo se livrar de suas dores e de seus conflitos. McDougall entende essa situação considerando que o objetivo do adicto, posto que ele não pode mais confiar na sustentação ambiental, ao mesmo tempo em que depende dela, é substituir as falhas e a dependência do ambiente pela droga, na ilusão de que agora é ele que tem o poder sobre a situação e do que ocorre consigo.

Esse modo de conceber as relações iniciais levou McDougall a dizer que, "por causa de suas próprias angústias ou temores e desejos inconscientes, uma mãe é capaz de instalar no seu lactente aquilo que pode ser conceituado como um relacionamento adictivo com a presença dela e suas funções de cuidados" (McDougall, 1995, p. 201).

Nessa situação, é importante sublinhar que é a mãe, ela mesma, que está num estado de dependência. Pode-se então correr o risco de que a criança não consiga adquirir uma representação de uma mãe interna "cuidadora", asseguradora, que normalmente lhe daria a capacidade de se identificar com ela a fim de suportar seus estados de sofrimento psíquico.

McDougall não considera que está apenas na mãe e na relação com ela o ponto de origem das adicções. Avalia que há uma série de questões relacionadas com o pai e até mesmo com o cenário edípico do neurótico, que poderiam estar na origem desse tipo de sintoma. No que se refere à importância das falhas paternas para a compreensão das adicções, ela afirma:

> É necessário igualmente notar que, em muitas pesquisas clínicas que foram feitas sobre a adicção, o pai, se não está morto, é frequentemente ausente ou, se ele está lá, é frequentemente apresentado como inconsistente, culpado ou incestuoso, e mesmo, em certos casos, é adicto [frequentemente alcoólatra]. (2001, p. 23)

Portanto, para McDougall, os sintomas relacionados às adicções dizem respeito a diferentes tipos de falhas ou fixações no processo de desenvolvimento: as falhas na fase inicial e na fase de dependência relativa (na qual estão presentes os fenômenos transicionais), bem como noutros momentos mais tardios, quando o indivíduo está integrado e tem problemas em suas relações interpessoais no quadro do cenário edípico. Em cada adicto, há uma composição diferente de falhas que o levam à adicção.

Procurando, agora, apresentar de maneira sintética qual é a compreensão que McDougall tem da economia psíquica das adicções, pode-se afirmar que, para ela, o uso de drogas é uma tentativa de automedicação (ou autocura) para cuidar dos sofrimentos (angústias) internos. Para ela, a procura na droga de um objeto que poderia cobrir ou resolver as falhas ou angústias internas tende necessariamente ao fracasso, dado que nenhum objeto externo pode completar o que falta internamente. Diz McDougall: "Como nenhum elemento ou objeto pertencente ao mundo real pode reparar as faltas do mundo psíquico interno, o comportamento adictivo tem necessariamente uma dimensão compulsiva" (2001, p. 34).

Para ela, a procura pela droga é uma tentativa não só de "corrigir" uma imagem de si – mesmo "estragada"–, mas de também lidar com as falhas maternas e paternas:

> Além da necessidade desesperada de se livrar do fardo de suas pressões afetivas, todas as formas de adicção têm por objetivo não só reparar a imagem estragada de si mesmo, mas também acertar as contas com as figuras parentais. (2001, p. 34).

Há, nos adictos, uma desconfiança em relação aos pais, uma desconfiança em relação à sustentação e à confiabilidade dos pais, e a droga vem como uma maneira de se autocurar, uma maneira de não mais depender dos pais. Diz McDougall:

> Há, então, em primeiro lugar, uma desconfiança em relação ao objeto maternal interno (ressentido como ausente ou incapaz de consolar a criança perturbada que se esconde no seu interior [do adicto]). Os substitutos adictivos estão sempre presentes [ou sendo procurados] para compensar as funções maternas que falharam; e a mensagem de base é: "você não pode mais me abandonar, agora sou eu que estou no comando". Além disso, uma segunda desconfiança, a que se sente em relação ao pai interno que falhou nas suas funções paternas e que, por conseguinte, causou decepção. (2001, p. 34)

Nessa direção, como fator fundamental para pensar as adicções, McDougall coloca em relevo a questão da relação de dependência que todo ser humano vive, mas, no caso do adicto, como uma relação que ele teme; que ele teme porque não pôde viver, no passado, uma relação de confiança na sustentação parental. Afirma McDougall: "As vítimas de adicção são todas engajadas numa luta contra as dependências universais próprias ao ser humano, incluindo aí a ilusão de redescobrir o paraíso perdido da infância, a da liberdade, a da ausência de toda responsabilidade e a da noção de tempo" (2001, p. 35).

A questão que talvez possa ser proposta, que é a questão do adicto, nesse sentido, é: como é possível se livrar da dependência? No entanto, a dependência parece ser uma característica do próprio ser humano, e não há remédio para isso! Só aqueles que puderam depender e ter sido não invadidos, sustentados, tendo suas necessidades de ser atendidas, puderam chegar a um estado em que têm uma independência relativa e não vivem temendo uma nova situação de dependência.

Talvez seja justamente esse o paradoxo do adicto: ele procura livrar-se da dependência dependendo da droga ou de uma relação de dependência que funciona como uma droga. Só o encontro de um ambiente confiável é que talvez possa "corrigir"[16] essa situação, tornando o amadurecimento possível.

A concepção de McDougall sobre as adicções parece, pois, ultrapassar a posição de Winnicott, que refere esse sintoma apenas às falhas na fase da transicionalidade, dando-lhe uma compreensão mais ampla. Além disso, ressaltando a questão da dependência, essa concepção também contribui para pensarmos o papel central que as relações conjugais e familiares dos adictos têm na questão da dependência.[17] Ao apresentar uma síntese no que se refere à descrição das diversas origens das adic-

---

16. Sobre o trabalho psicoterapêutico como uma maneira de corrigir experiências passadas, diz Winnicott: "No exemplo mais simples possível, uma pessoa que está sendo analisada consegue corrigir uma experiência passada, ou uma experiência imaginária, ao revivê-la em condições simplificadas nas quais a dor pode ser tolerada porque está sendo distribuída ao longo do período de tempo; tomada, por assim dizer, em pequenas doses, em um meio ambiente emocional controlado. Como vocês bem podem imaginar, na prática concreta raramente existe algo tão descomplicado como isso, mas o contexto principal pode legitimamente ser descrito dessa maneira" (1945h, p. 36).

17. Na minha dissertação de mestrado ocupei-me de fazer uma revisão bibliográfica sobre o fenômeno da co-dependência (Humberg, 2004). Creio que esse tipo de estudo, ainda que tenha sido abordado numa perspectiva não psicanalítica, pode fornecer outras evidências para a hipótese que estou defendendo neste livro, que considera que a relação conjugal de adictos possa ser, em muitos casos, uma relação de adicção.

ções, McDougall considera que existem três tipos de origem das angústias que podem levar às adicções, as quais ela apresenta como três tipos de tentativas de se livrar do sofrimento:

1. uma tentativa de evitar as angústias neuróticas;

2. uma tentativa de combater os estados de angústia severa – às vezes com uma tendência paranoide – ou ainda a depressão, que são acompanhados frequentemente de sentimentos de morte interna;

3. uma tentativa de escapar às angústias psicóticas como o medo de uma fragmentação corporal ou psíquica, ou mesmo ao terror de se encontrar ante o vazio, ali onde o senso de identidade subjetiva é sentido como comprometido. (McDougall, 2001, pp. 33-34)

Essas tentativas também dizem respeito a falhas na dependência inicial do bebê (ou da criança) em relação ao ambiente de sustentação inicial.

McDougall percebe que, em muitos casos, o objeto-droga não é uma droga-química, mas a própria relação com o outro: o outro como objeto-droga. Ao se referir às falhas na fase da transicionalidade e à tentativa de substituir o objeto transicional (e suas funções) pelo objeto-droga, diz:

> [...] tal clivagem cria uma potencialidade adictiva; em lugar do objeto transicional que falta, o eu pode se ligar a um objeto transitório: uma droga ou um Outro, utilizado como uma droga. Este será chamado a preencher a função "transicional" e será destinado a proporcionar ao indivíduo o sentimento de ser "real", vivo, válido: destinado, enfim, a preencher as lacunas no eu, lacunas de sentido no que diz respeito à sua própria identidade e à sua maneira de pensar o mundo. (McDougall, 1992, p. 61)

Ocorre, então, que esse outro fica sendo o depositário e o responsável por tudo o que ocorre, por tudo o que deveria ocorrer:

> Assim, no imaginário do indivíduo que se equilibra através de relações transicionais, o outro será considerado inteiramente respon-

sável por tudo o que lhe ocorrer; o indivíduo espera que o outro lhe traga a felicidade e não se trata de uma esperança, mas de um dever; quando, mais cedo ou mais tarde, o objeto se revela estar aquém dessa expectativa, o indivíduo o acusa de ter sido pouco preocupado com sua felicidade e de ter demonstrado muito pouca intuição a respeito do que estava acontecendo, de ser, enfim, responsável por todas as suas desgraças. (McDougall, 1992, p. 61)

É, pois, nesse sentido que McDougall cunha a expressão *relação adictiva*:

> A fragilidade de um equilíbrio psíquico que depende tanto dos outros – chamemos de *relação adictiva* – é evidente, a ponto de o indivíduo ignorar o que lhe deve essa criação, que é sua. Essa cena psíquica está efetivamente sob o domínio do desejo infantil e de ser o autor de tudo o que existe, (1992, p. 61)

2.3. A adicção e os relacionamentos adictivos como busca de si mesmo

Winnicott chama a atenção, com base na compreensão dos fenômenos transicionais, para o fato de que a atividade de criar-encontrar esses objetos, presente também na ação de brincar, corresponde a uma ação que leva ao encontro de si mesmo como uma unidade do sujeito psicológico; portanto, como um tipo de integração do indivíduo. Emergindo da situação em que a criança é um amálgama junto com a mãe-ambiente, a criança vive a situação paradoxal na qual ela está e não está amalgamada como seu objeto. O paradoxo do criar-encontrar, que caracteriza o objeto transicional, também corresponde ao paradoxo de ser unido e separado do mundo (do objeto).

Winnicott caracteriza essa ação do brincar como algo que não pode ser redutível à questão da administração da vida instintual. Ele acentua essa perspectiva de compreensão da atividade do brincar, dissociando-a da questão da masturbação (1971r, p. 60). Para ele, a atividade de brincar e, portanto, também a vivência dos fenômenos transicionais têm uma dimensão que deve ser pensada nela mesma, sem que seja redutível à questão da administração das tensões instintuais (sejam elas agradáveis ou desagradáveis) (1971r, p. 60).

A ação de brincar, como gesto espontâneo e expressão de si mesmo, leva à integração. Para Winnicott, essa ação constitui, tanto para a criança quanto para o adulto, a ação existencial que leva à descoberta e à afirmação de si mesmo e também do outro (1971r, p. 80).

Desenvolvendo esse aspecto das compreensões que Winnicott e Mc-Dougall têm das adicções, como sintomas advindos de falhas na fase da transicionalidade, que colocam a atividade do brincar como sendo uma atividade que leva ao si mesmo, um fenômeno díspar do que se refere à vida instintual, podemos considerar que os objetos adictivos (seja a droga, seja o outro) também buscam esse resultado da ação de brincar, a saber: integração/encontro de si mesmo. É neste sentido que podemos afirmar que o adicto procura integrar-se via uso da droga (seja esta uma droga química, seja o outro). É interessante, nesse contexto, que Winnicott considere que a integração pode ocorrer advinda *de fora* (suporte externo, ambiental) ou *de dentro* (excitações corporais de prazer ou de dor):

> A tendência a integrar-se é ajudada por dois conjuntos de experiências: a técnica pela qual alguém mantém a criança aquecida, segura-a e lhe dá banho, balança-a e a chama pelo nome, e também as agudas experiências instintivas que tendem a aglutinar a personalidade a partir de dentro. (Winnicott, 1945d, p. 224)

A droga ou o outro, nesses casos de adicção, parecem exercer diversas funções ao mesmo tempo: aliviar as dores psíquicas da maneira mais rápida possível (sejam as angústias neuróticas, sejam as psicóticas); sustentar a criança nas suas necessidades de sustentação ambiental; fornecer uma integração de si mesmo, seja reproduzindo o criar-encontrar que anima o brincar e a relação com os objetos transicionais, seja, ainda, pela excitação corporal, levando à integração a partir de dentro.

Nessa direção winnicottiana de compreensão das adicções, encontrei, quando já havia terminado de escrever a tese de doutorado que originou este livro, a obra de Michael Eigen, que me pareceu também considerar as adicções de uma maneira muito próxima à que estou aqui apresentando. Em *Contact with the Depths* (2011), ele remete as adicções a angústias relacionadas com o que Winnicott denominou de angústias impensáveis e à capacidade de ficar só. Na introdução do livro, ele apresenta sua hipótese sobre o tema:

> Adictos tentam curar esta solidão ou chamar a atenção para essa ferida [solidão essencial, referida por Winnicott, mas também as angústias derivadas da falta de sustentação ambiental nas fases mais primitivas do desenvolvimento]. No Capítulo Dois, eu apresento algumas variações dessa ferida da solidão e sua relação com a adicção em alguns casos. [...] Os três vícios descritos aqui envolvem o alcoolismo, as drogas e os medicamentos. A fé ou a falta dela desempenham um papel de suma importância no paciente, e caberia ao terapeuta, conseguindo acompanhá-lo nas sessões, possibilitar que algo mais possa acontecer [a retomada da fé ou da esperança]. (Eigen, 2011, p. X)

2.4. A adicção como uma atitude antissocial

Joyce McDougall refere-se a casos nos quais a gênese do sintoma adicção ou relacionamento adictivo está associada a angústias experimentadas quando o indivíduo ainda não havia conquistado a integração que torna mais claramente diferenciável o eu do não-eu (bem como o *status* de pessoa inteira que vive a si mesma e a outra como inteiras); e também a casos nos quais a angústia de referência (impulso para a procura da solução adictiva) está associada a problemas que advêm dos relacionamentos interpessoais, ou seja, quando o indivíduo já alcançou a diferenciação eu *versus* não-eu e se vê às voltas com a tarefa de administrar a vida instintual no quadro de relações edípicas. Ainda que ela, às vezes, diferencie essas angústias (como neuróticas ou psicóticas), não se aprofunda na análise do terceiro tipo de angústia neurótica, que estaria na base de uma das origens das adicções.

Em minha experiência clínica, quase sempre pude reconhecer a busca pela solução adicta como impulsionada por angústias associadas a experiências nas quais os indivíduos são remetidos a um vazio existencial ou a uma angústia de aniquilação. Via de regra, isso acaba por remeter a agonias impensáveis e a falhas na fase da transicionalidade, isto é, a situações que dizem respeito a experiências traumáticas de quebra na continuidade de ser e a angústias que são vividas por indivíduos ainda não integrados.

No entanto, também pude notar que existem casos de adicções nos quais o indivíduo, no seu desenvolvimento emocional, já chegou a um determinado nível de integração e teria a capacidade de reconhecer que o ambiente (que cuida dele ou o sustenta) falhou: quando a adicção é uma atitude antissocial, ou seja, quando visa responder à situação traumática de falha ambiental. Quando o indivíduo está integrado e reconhece que a falha adveio do ambiente, ele age de maneira antissocial como um modo de solicitar ao ambiente que devolva a confiabilidade perdida.

Winnicott diz, sobre a psicopatia ou atitude antissocial na criança, como um sintoma derivado da situação de deprivação:

> A tendência antissocial representa o SOS ou o *cri de coeur* da criança que, em um estágio ou outro foi deprivada da provisão ambiental que seria apropriada na idade em que lhe faltou. A deprivação alterou a vida da criança; causou-lhe aflição intolerável e a criança está com a razão de reclamar o reconhecimento do fato de que "as coisas estavam bem e, depois, não ficaram bem" e de que isto constitui um fator externo, fora do controle da criança. (1989vl, p. 54)

A meu ver, é o mesmo caso de adultos e/ou adolescentes que fazem do uso da droga uma atitude antissocial. Os relacionamentos adictivos, por sua vez, também podem ser uma atitude antissocial que visa reestabelecer a sustentação ambiental perdida, seja fornecida pelo outro (do qual se depende), seja porque a relação com o outro e/ou com a droga é uma agressão (SOS) dirigida ao ambiente no qual o paciente vive.

Creio que esses casos, que parecem, por vezes, casos de perversão são, na verdade, casos de deprivação. Neles, quando o ganho secundário da atitude antissocial ainda não se instalou como vantajoso para o indivíduo, há a possibilidade de tratamento via fornecimento de provisão ambiental.

No caso dos relacionamentos adictivos, existem ao menos duas situações, que poderíamos colocar como dois polos extremos. Numa, o relacionamento é, por si, uma agressão, seja ao outro, à família ou ao meio em que o indivíduo habita. Nesse caso, o relacionamento visa à sobrevivência do ambiente, ao acolhimento do ambiente; mas tal atitude agressiva pode tanto destruir o ambiente como o indivíduo, como ocorre na atitude antissocial (fruto da deprivação).

Pode ocorrer também que a própria relação afetiva, o próprio núcleo (um pouco excluído do mundo), forneça a provisão ambiental esperada. Nesses casos, o casal, ainda que extremamente dependente um do outro, acaba por "curar-se" da deprivação.

Em resumo, creio que somente as angústias de aniquilação, as derivadas de falhas na experiência com os fenômenos transicionais e as relacionadas com o fenômeno da deprivação é que poderiam dar origem às adicções e/ou aos relacionamentos adictivos. As angústias neuróticas, fora a situação específica da deprivação, levariam os indivíduos a outros tipos de solução do conflito existencial, menos custosas e menos destrutivas de si mesmos, dos outros e de seus ambientes.

CAPÍTULO 3
Alguns aspectos teóricos da prática clínica

Dado o contexto teórico no qual trabalho (em termos dos atendimentos psicoterápicos), tendo em vista a compreensão das adicções e dos relacionamentos adictivos, creio que é necessário, agora, especificar com um pouco mais de detalhe qual é o *setting* clínico a partir do qual observei comportamentos adictivos. Cabe, pois, ressaltar que meu campo de observação e de trabalho clínico é o atendimento psicoterápico de base psicanalítica, no qual se incluem as especificidades técnicas próprias aos atendimentos individuais (de crianças, adolescentes e adultos; neuróticos, psicóticos e *borderlines* etc.) e aos atendimentos que englobam mais de um indivíduo (casal, família etc.). Meu objetivo é mostrar como os relacionamentos adictivos funcionam, considerando diversos contextos, sem que me pareça necessário fazer uma análise detalhada do conjunto das especificidades técnicas que caracterizam o atendimento psicanalítico, ou de base psicanalítica, de casais, famílias, grupos, adolescentes etc.; ainda que, mais à frente, ocupe-me de indicar algumas das características gerais e específicas de meu *setting* de trabalho clínico que podem marcar e esclarecer como meus dados foram observados e selecionados.

De modo geral, temos como base para o atendimento psicoterápico os fundamentos do método psicanalítico, tal como Freud os fundou: a transferência, a resistência, a consideração de processos psíquicos inconscientes, o reconhecimento do infantilismo humano, o reconhecimento da importância e da determinação da sustentação ambiental no processo de desenvolvimento afetivo, o reconhecimento da importância da sexualidade infantil e do complexo de Édipo e a ideia básica desenhada por Freud quando caracterizou o processo analítico como um "recordar, repetir e elaborar" no tratamento, os modos de se relacionar com o outro e consigo mesmo. Dessa base metodológica, fundada por Freud, foram desenvolvidas diversas modificações teóricas e técnicas que visaram expandir ou adequar o método psicanalítico ao tratamento de crianças, adolescentes, psicóticos, grupos, famílias, casais etc.

Considerando, então, que meus atendimentos clínicos são todos realizados com base na teoria psicanalítica, explicito aqui algumas das características básicas do tratamento psicanalítico quando dedicado aos tratamentos individuais e quando aplicado a casais. Por um lado, minha concepção é a de que, quando atendemos um casal ou uma família, o que temos é a conjunção de pessoas com problemas e dinâmicas que se determinam entre si, mas cujo agrupamento não constitui um terceiro "sujeito" (*o casal* ou *a família* ou, ainda, *o grupo*), pensado como uma unidade específica. Ou seja, a minha preocupação (mesmo no caso do atendimento de casais e famílias) sempre foi a de compreender e intervir no que são as efetivas relações entre os parceiros, considerando que cada um "usa" o outro na sua maneira de ser, de depender, de amar, de odiar etc.

Neste capítulo, viso, pois, especificar com mais clareza qual é o *setting* amplo no qual fiz minhas observações, as quais servirão como fundamento empírico do meu estudo de caso, tendo em vista a compreensão dos relacionamentos adictivos.

3.1. Aspectos gerais do método de tratamento psicanalítico

Ao caracterizar o que é a psicanálise, Freud preocupou-se, em momentos decisivos, em caracterizá-la como um método de tratamento de algumas formas de doença psiquiátrica (Freud, 1913j), considerando que os sintomas correspondem à expressão de conflitos tornados inconscientes e que têm origem e fundamento na vida sexual infantil dos pacientes. Ao procurar caracterizar o que vê o psicanalista, de seu ponto de vista, ele, em primeiro lugar, salientou quais são as variáveis que esse profissional deve considerar para enunciar e compreender a produção de sintomas de origem psicogênica, a saber: a existência de processos psíquicos inconscientes, a importância dada ao processo de recalcamento (dos conflitos e das tensões e/ou ideias que causam sofrimento), a importância dada à sexualidade infantil e ao complexo de Édipo (Freud, 1923a). E, em segundo lugar, destacou o reconhecimento de dois fenômenos fundamentais quando se tenta levar o paciente (pelo método de associação livre no *setting* de atendimento psicanalítico) à origem da sua doença: os fatos da transferência e da resistência. Diz Freud nesse sentido:

> Assim talvez se possa dizer que a teoria da psicanálise é uma tentativa de explicar dois fatos surpreendentes e inesperados que se observam sempre que se tenta remontar os sintomas de um neurótico a suas fontes no passado: a transferência e a resistência. Qualquer linha de investigação que reconheça esses dois fatos e os tome como ponto de partida de seu trabalho tem o direito de chamar-se psicanálise, mesmo que chegue a resultados diferentes dos meus. Mas quem quer que aborde outros aspectos do problema, evitando essas duas hipóteses, dificilmente poderá escapar à acusação de apropriação indébita por tentativa de imitação, se insistir em chamar-se a si próprio de psicanalista. (Freud, 1914d, p. 26)

A experiência clínica de Freud e o que ele descobriu com seu método de tratamento o levaram a construir uma teoria do desenvolvimento afetivo, colocando em evidência como se dão e como se desenvolvem as relações que o ser humano tem com os objetos de seus desejos. Essa teoria corresponde a uma maneira de compreender como são e como se desenvolvem as *relações de objeto*, para usar uma expressão mais técnica. Laplanche & Pontalis comentam como a teoria do desenvolvimento da sexualidade, de Freud, é pensada em termos dos tipos de objeto (auto-erótico, narcísico, homossexual e heterossexual) ou em termos do modo (dinâmica) de relação com o objeto (oral, anal, fálico e genital adulto).

Acentuo muito mais esse aspecto das relações de objeto na teoria freudiana do que a dimensão que se ocupa do destino das pulsões e das excitações pulsionais – apoiando-me, aqui, na distinção que Greenberg & Mitchell (1983) fizeram, distinguindo o modelo pulsional e o modelo das relações de objeto como dois grandes eixos de desenvolvimento da psicanálise pós-Freud. Focando, então, minha análise e minhas preocupações clínicas nos modos como se dão as relações interpessoais e as relações de objeto, retomo tanto o quadro inicial no qual Freud constitui o seu método de tratamento quanto a compreensão dos tipos de desenvolvimento que Melanie Klein fez nessa direção.

3.2. O método de atendimento psicanalítico focado na questão das relações de objeto

Historicamente, os teóricos das relações objetais se constituíram no início dos anos 1950 dentro da escola britânica de psicanálise, como um grupo independente ou intermediário, não se filiando nem aos freudianos nem aos kleinianos. A teoria encampa diferentes modelos que desenvolvem conceitos próprios nem sempre compatíveis entre eles. Sutherland, Balint, Fairbairn, Winnicott e Guntrip foram os primeiros e consagrados expoentes dessa teoria. Mais tarde, Milner, Khan, Little e Bollas deram sua contribuição, todos influenciados pelas ideias de Klein (Greenberg & Mitchell, 1983; Kohon, 1994; Mitchell & Black, 1995; Porchat, 2006). As teorias de relações de objeto têm sua origem, de forma efetiva, em Melanie Klein e Willian Ronald D. Fairbairn, autores que se detiveram na concepção do objeto na sua relação com o sujeito (ou vice-versa), e também do objeto dito interno, isto é, o objeto representado, assimilado ou incorporado. De modo geral, a noção de um mundo interno de objetos associados pela identificação ao ego ou a suas partes cindidas compõe o fundamento de suas teorias, apesar de as concepções desses dois autores possuírem consideráveis diferenças (Mitchell, 1981), que não serão aqui pormenorizadas.

No modelo da teoria das relações objetais, o conceito de relação de objeto ou relação objetal diz respeito às modalidades de interação que ocorrem entre sujeitos e objetos, ambos influenciando-se reciprocamente. Diz Porchat:

> Este conceito [das relações objetais] focalizava a relação com o objeto real, ou seja, a relação real com o outro, mas enfatizava a apreensão interna deste objeto pelo sujeito, a partir de suas necessidades inconscientes; isto é, toda relação encerraria um relacionamento inconsciente com o objeto. Neste sentido, o objeto real percebido era também um objeto fantasiado, posto que alvo das projeções do sujeito. As relações se dariam então com objetos externos e objetos internos – objetos reais internalizados sob a forma de imagens, de representações mentais. (Porchat, 2006, p. 131)

Essas relações poderiam ser sentidas e experienciadas como malignas ou benignas, persecutórias, vivas, mortas etc. Os teóricos das relações objetais, portanto, deram especial atenção à formação e à dinâmica dos objetos internalizados, sendo que as relações iniciais eram tomadas como protótipo para as relações posteriores. Assim, construíram um paradigma metapsicológico diferente do proposto por Freud. Esses teóricos foram influenciados por ideias de Melanie Klein, mas desenvolveram modelos próprios. Assim, passaremos por conceitos desenvolvidos por ela para chegar a como os terapeutas de casal fundamentam sua compreensão da conjugalidade em seu trabalho clínico.

Melanie Klein construiu um modelo teórico de desenvolvimento psíquico e de relacionamento humano que é referência fundamental para os terapeutas de casal de orientação psicanalítica. Conceitos como o de mundo interno, objetos internos e externos, relações objetais parciais e totais, fantasia inconsciente, identificação projetiva etc. fazem parte da teoria utilizada pelos terapeutas na compreensão da conjugalidade. E ainda que outros modelos também sejam usados, alguns conceitos kleinianos sempre estão presentes (Porchat, 2006, p. 132).

Klein enfatizou a influência dos fatores constitucionais para o desenvolvimento e também ressaltou a tendência inata para a destrutividade e a inveja. Como contraponto a essas inclinações, ela mostra a capacidade humana para o amor, a gratificação e a reparação. Nas relações conjugais, podemos observar a inveja e a gratidão aparecendo em maior ou menor intensidade (Porchat, 2006, p. 132). Ela priorizou a realidade interna com relação à externa, sem deixar de reconhecer que a mãe poderia ser um moderador de ansiedades no bebê e que os pais poderiam ser causadores de perturbação nos filhos. Na relação conjugal, as percepções, os comportamentos e as atitudes que um terá em relação ao outro dependerão fundamentalmente do mundo interno de cada um deles (Porchat, 2006, p. 133).

Nesse cenário, cabe ainda retomar brevemente as contribuições dos Balint. Michel e Alice Balint estudaram o desenvolvimento do ego, priorizando a relação da criança com o meio que a cerca. Em seu estudo *A falha básica* (2014), ressaltam que a falta de ajustamento entre as necessidades básicas da criança e as respostas da mãe acarretaria falhas no desenvolvimento. Os autores chegaram a esses conceitos a partir do estudo de pacientes regredidos que diziam sentir um vazio, como se algo faltasse dentro deles. A capacidade do indivíduo para se relacionar com objetos dependeria da superação dessa falha. Em decorrência dela, dois tipos de relações poderiam ocorrer: indivíduos que se ligam intensamente aos objetos em busca de gratificação e segurança; e outros que, para evitar a dependência com relação a objetos que poderiam não corresponder a suas necessidades, fazem do mundo interno o alvo de investimento, o que, em última análise, constituiria uma defesa contra os efeitos da falha ambiental (Porchat, 2006, pp. 134-135).

Para apreender os fenômenos instituídos por essa nova clínica, com o desenvolvimento desses psicanalistas focados nas relações de objeto, algumas mudanças importantes ocorreram na compreensão do processo de desenvolvimento afetivo, o que resultou, dentre outras coisas, na relativização do lugar da sexualidade e do princípio do prazer, colocando o ego, sua constituição e sua procura de integração como nem sempre redutíveis à procura do princípio do prazer ou de um objeto que servisse para eliminar as tensões advindas das pulsões. Em termos gerais, podemos dizer que as teorias das relações de objeto, em suas diversidades (Ogden, 2002), têm o objetivo de apreender os mecanismos mais originais da constituição do ego, destacando a decisiva importância das relações primitivas de objeto nem sempre redutíveis às determinações advindas da influência dos impulsos libidinais.

Ao procurar caracterizar as diferenças clínicas que ocorreram no *setting* e nos modos de lidar com as transferências ao longo do processo analítico, comparando as propostas de Freud e de Klein, encontramos essa síntese apresentada no texto de Mitchell & Black:

> Para Freud, o paciente e o analista têm papéis bem definidos e experiências claramente separadas. O paciente precisa lembrar, e a associação livre é a atividade pela qual ligações cruciais da memória são reveladas. O analista ouve as associações de uma distância bem-medida e fornece interpretações ligando as associações do paciente com as memórias a serem descobertas e reconstruídas. As interpretações fornecem informações, desenhadas para retirar as resistências do paciente a aceder a suas próprias memórias, para alterar a organização da experiência no interior da cabeça do paciente. A transferência emerge periodicamente como o último dique de resistência para o trabalho de rememoração. Os analistas kleinianos usam os mesmos termos para descrever a situação analítica, mas o sentido básico que se dá a ela é muito diferente. O paciente e o analista são mais fundamentalmente enredados que no ponto de vista de Freud. Não é como se o paciente simplesmente revelasse os conteúdos de

sua mente para um observador neutro (exceto quando desviado pela contratransferência); os pacientes experimentam a situação analítica em termos de suas próprias relações de objeto primitivas. Às vezes, o analista é um bom seio, magicamente transformador; interpretações são um bom leite, protetor, carinhoso, restaurativo. Outras vezes, o analisa é o seio mau, mortífero e destrutivo; interpretações são venenos, destruindo quando ingeridas. Nessa perspectiva, a transferência não é uma resistência ou desvio da linha básica da posição de observador do analista; o paciente inevitavelmente experiencia o analista e suas interpretações com intensas e profundas esperanças e, igualmente, pavores, ante as suas experiências de organização inconscientes. Para Freud, o analista experiencia, na relação analítica, um relativo distanciamento. O analista usa suas associações, conscientes e inconscientes, para entender as associações do paciente. No entanto, a não ser que o analista distorça o paciente em função de aspectos não resolvidos (contratransferência) em relação ao seu próprio passado, sua relação afetiva com o paciente ocorre numa relativa calma. Klein descreve a experiência de analista com termos similares aos de Freud. Mas Bion, com a interpersonalização do conceito de identificação projetiva, olha para a experiência afetiva do analista como muito mais centralmente envolvida com as lutas do paciente. O analista encontra nele mesmo ressonâncias abarcando intensas ansiedades depressivas e perturbadores estados da mente. As ansiedades depressivas e as necessidades de reparação do analista, que sem dúvida o levaram a uma profissão de cuidador, estão sempre em pauta. A sistemática inveja do paciente destruindo as interpretações do analista (esperança de reparação) é, inevitavelmente, um poderoso distúrbio para o analista. Para Freud, a psicanálise era a área na qual uma pessoa observava e interpretava a experiência afetiva do outro com certa distância. Na perspectiva kleiniana contemporânea, a psicanálise é uma área na qual duas pessoas lutam para organizar e dar sentido à vida afetiva do paciente, na qual o analista é inevitavelmente e utilitariamente desenhada (Mitchell & Black, 1995, pp. 106-107).

Com Winnicott, ocorrem, ainda, outras mudanças clínicas, especialmente em sua caracterização da psicanálise como uma psicoterapia na qual duas pessoas brincam juntas, na intersecção da área do brincar de cada uma delas (1971r). O mais importante, para ele, não é tanto o fato de o brincar ser a expressão de um mundo interior, mas o de corresponder a uma ação, por ela mesma, que leva ao encontro de si mesmo (como um efeito da ação de brincar) (1971r). É nesse sentido que Winnnicott também considerará que o processo terapêutico (psicanalítico ou de base psicanalítica) fornece uma provisão ambiental para o desenvolvimento do indivíduo.

Retomarei, agora, algumas características da clínica do ponto de vista de Winnicott, dado que essa perspectiva de trabalho me serve de apoio e base para a realização dos atendimentos.

3.3. A perspectiva de Winnicott: o método focado nas relações de dependência com o ambiente

Já comentei no capítulo anterior algumas das características das propostas de Winnicott, indicando como ele se ocupa e se preocupa com o ambiente de uma maneira que até então não era usada; mais ainda, como ele reconhece determinações e problemas no processo de desenvolvimento afetivo que não são redutíveis aos problemas que advêm da administração da vida instintual ou pulsional. Antes de me dedicar a comentar algumas de suas propostas de mudanças na prática psicoterápica psicanalítica, gostaria de salientar o fato de que o próprio Winnicott considera sua teoria como uma teoria do desenvolvimento construída em termos da análise da questão da dependência:

> Possuímos a única formulação realmente útil que existe, da maneira pela qual o ser humano psicologicamente se desenvolve de um

ser completamente dependente e imaturo para um estado maduro relativamente independente. A teoria é excepcionalmente complexa e difícil de ser enunciada de modo sucinto, e sabemos que existem grandes lacunas no nosso entendimento. Apesar disso, existe a teoria, e, desta maneira, a psicanálise efetuou uma contribuição que é de modo geral aceita, mas, usualmente, não reconhecida. (Winnicott, 1989vk, p. 94)

Ou ainda, nessa mesma direção:

A fim de examinar a teoria da esquizofrenia, é preciso que tenhamos uma eficiente teoria do crescimento emocional da personalidade [...] O que preciso fazer é assumir a teoria geral da continuidade, de uma tendência inata em direção ao crescimento e evolução pessoal, e a teoria da doença mental como uma interrupção do desenvolvimento. [...] Também posso dizer que o enunciado do desenvolvimento da primeira infância e da infância em termos de uma progressão de zonas erógenas, que nos serviu tão bem em nosso tratamento de neuróticos, não é tão útil no contexto da esquizofrenia como o é a ideia de uma progressão da dependência (de início, quase absoluta) para a independência. (1968c, p. 194)

Prosseguindo nesse rumo e procurando caracterizar o foco do trabalho clínico na perspectiva de Winnicott, é esclarecedora esta passagem de Adam Phillips:

Enquanto Freud se preocupava com as enredadas possibilidades de satisfação pessoal de cada indivíduo, para Winnicott, essa satisfação seria apenas parte do panorama mais amplo das possibilidades para a autenticidade pessoal do indivíduo, o que ele chamará de "sentir-se real". Na escrita de Winnicott, a cultura pode facilitar o crescimento, assim como o pode a mãe; para Freud, o homem é dividido e compelido, pelas contradições de seu desejo, na direção de um envolvimento frustrante com os outros. Em Winnicott, o homem só pode encontrar a si mesmo em sua relação com os outros, e na independência conseguida através do reconhecimento da dependência. Para Freud, em resumo, o homem era o animal ambivalente; para Winnicott, ele seria o animal dependente, para quem o desenvolvimento – a única "certeza" de sua existência – era a tentativa de se tornar "separado sem estar isolado". Anterior à sexualidade como inaceitável, havia o desamparo. Dependência era a primeira coisa, antes do bem e do mal. (Phillips, 1988, p. 29)

De acordo com Winnicott, a saúde corresponde a um tipo de adequação entre a idade cronológica e o modo de funcionamento afetivo do indivíduo ou, em outros termos, equivale à maturidade de acordo com a idade do indivíduo (1971f, p. 24). Nesse sentido, a doença corresponde a um tipo de imaturidade: "o distúrbio psicológico é imaturidade, imaturidade do crescimento emocional do indivíduo, e esse crescimento inclui a evolução da capacidade do indivíduo para relacionar-se com pessoas e com o meio ambiente de um modo geral" (1984i, pp. 265-266). Mais ainda, ele apresenta os aspectos do que seria um indivíduo saudável:

A vida de um indivíduo não se caracteriza mais por medos, sentimentos conflitantes, dúvidas, frustrações do que por seus aspectos positivos. O essencial é que o homem ou a mulher se sintam *vivendo sua própria vida*, responsabilizando-se por suas ações ou inações, sentindo-se capazes de atribuírem a si o mérito de um sucesso ou a responsabilidade de um fracasso. Pode-se dizer, em suma, que o indivíduo saiu da dependência para entrar na independência ou autonomia. (1971f, p. 30)

Para Winnicott, o tratamento psicoterápico psicanalítico corresponde a um tipo de sustentação ambiental para que o indivíduo possa, ele mesmo, desenvolver-se em direção a uma maior autonomia, a uma possibilidade de viver com certa autonomia (independência relativa):

Em um contexto profissional, dado o comportamento profissional apropriado, pode ser que o doente encontre uma solução pessoal para problemas complexos da vida emocional e das relações interpessoais; o que fizemos não foi aplicar um tratamento, mas facilitar o crescimento. (1986f, pp. 113-114)

Trata-se de fornecer, pois, um ambiente, o analista-ambiente, por assim dizer, que pode, considerando cada fase do desenvolvimento (e suas dinâmicas específicas), oferecer as relações de dependência e sustentação que levarão o paciente à autonomia relativa. Winnicott se refere a isso dizendo que a psicoterapia pode fornecer esse ambiente tal como a mãe forneceu o ambiente para a criança (1986f, p. 109), sustentando a situação no tempo tal como a suspensão hidráulica de um ônibus (Winnicott, 1965vc, p. 63).

Ao descrever as fases pelas quais passa um tratamento analítico, Winnicott diz que, na fase inicial do tratamento, as interpretações (verbalização e conscientização em termos de análise da transferência) são necessárias para criar as condições para que o paciente possa, em uma segunda fase, confiante na sustentação dada pela análise, fazer "todo tipo de experimentação, começando o paciente a ver como natural o sentimento de existir por si mesmo" (1965r, p. 80). Na terceira fase, estando com um ego mais integrado e independente, o paciente começa a se revelar e afirmar suas características individuais, tomando como natural o sentimento de existir por si mesmo. Não se trata apenas da análise do inconsciente reprimido (1969d, p. 154), mas de fornecer a sustentação ambiental, com confiabilidade e possibilidade de dependência, para que o desenvolvimento e a correção de experiências passadas possam ocorrer (1986f, p. 108).

Winnicott diz, em seu texto *Aspectos clínicos e metapsicológicos da regressão no contexto analítico* (1955d), que existem três tipos de pacientes. Primeiro, existem aqueles que funcionam como pessoas inteiras cujas dificuldades se localizam nos relacionamentos interpessoais. A técnica para cuidar desses pacientes seria a desenvolvida por Freud, com a análise da transferência, considerando a sexualidade e o complexo de Édipo.

Segundo, os pacientes nos quais a personalidade começou a se integrar e a se tornar algo com o qual se pode contar; são pacientes deprimidos ou com problemas de humor. A análise tem a ver com a junção dos problemas relativos à integração pessoal, à integração do amor e do ódio na personalidade, enfim, do que Melanie Klein denominou de posição depressiva e Winnicott, de estágio do concernimento. A técnica não difere do primeiro tipo de paciente, o que difere é o manejo da situação analítica dos ataques destrutivos, que o analista deve sustentar sem retaliar e sem desaparecer, pois o que importa é a sobrevivência do analista. No terceiro grupo, estão aqueles cuja análise deverá lidar com estágios iniciais do desenvolvimento, anteriores ao estabelecimento da personalidade como uma unidade integrada num eu. Nesses casos, o trabalho analítico normal deve ser deixado de lado por um longo tempo, com o manejo ocupando a maior parte do trabalho.

Esses aspectos gerais fornecem, a meu ver, o cenário e as características do ambiente terapêutico no qual realizei meus atendimentos, ambiente construído e pensado de uma maneira que pudesse prover as condições para que a própria experiência e os fenômenos referidos às relações de dependência ocorressem.

Dedicar-me-ei, agora, à questão clínica de outro ângulo, comentando alguns aspectos específicos do atendimento clínico de casais, dado que essa perspectiva corresponde a um tipo de especialidade e especialização do método psicanalítico de tratamento.

3.4. Algumas características específicas do atendimento de casais, definido e delimitado em função do objeto de estudo

Na década de 1920, começaram as primeiras experiências de atendimento psicanalítico de crianças e as entrevistas com seus pais e familiares, o que, em alguns casos, se transformou em processos terapêuticos que logo abriram caminho para que iniciassem os atendimentos de família e de casais. Os modelos de atendimento utilizados até então tiveram de ser revistos, pois se mostraram inconsistentes para dar conta da nova prática clínica. Um dos precursores dessas novas práticas foi o grupo da clínica Tavistock, em Londres, que utilizava como referência os trabalhos de Melanie Klein e a teoria das relações objetais.

Movimentos paralelos ocorreram em outros locais: os lacanianos na França exigiam a participação dos pais nos atendimentos infantis; apareceram os estudiosos de grupos como Anzieu e Kaës; e havia estudiosos dos processos inconscientes dos conjuntos intersubjetivos seguidos por Ruffiot e Eiguer. Nos EUA, surgiram muitos estudos sobre a família e a abordagem sistêmica se fortaleceu. Já com os estudos de Sharf e Kenberg, vemos a influência inglesa. Na Argentina, Pichon Rivière e Bleger iniciaram estudos sobre grupos, o que foi seguido por Berestein e Puget, estudiosos de família e do casal (Gomes & Porchat, 2006).

Esse conjunto de alternativas acabou por mudar o foco do trabalho analítico, mais voltado agora para a vida interior do indivíduo, e passou a englobar, além da vida interior do indivíduo, seus pares, familiares, cônjuges etc. Já é um consenso que, em muitos casos, os padrões patológicos e viciados de vínculos familiares são determinantes em termos de fixação de sintomas e da impossibilidade de transformação.

A clínica das adicções é considerada por Gunfinkel como o habitat natural para a psicanálise do vínculo, em termos das estratégias terapêuticas que são colocadas em jogo. Ao reconhecer quão intrincado está o tratamento do adicto com sua situação familiar, Gurfinkel comenta:

> Em primeiro lugar, na situação muito frequente de adictos que não apresentam a mínima demanda de tratamento, o trabalho com a família ou com o casal acaba sendo uma porta de entrada e um primeiro passo importante na tentativa de criar um espaço de sen-

sibilização e mobilização. O próprio fato de o "eleito" perceber que as responsabilidades são redistribuídas no atendimento vincular pode fazer despertar alguma centelha de interesse em refletir sobre a própria condição. Esse atendimento pode ser feito em paralelo com as sessões individuais, com a participação de outro colega ou não, construindo com esse ir e vir um espaço de escuta para os processos adictivos. Em segundo lugar, é inegável que o recurso ao atendimento familiar e de casal possibilita, em algumas situações, um progresso terapêutico que seria muito difícil atingir apenas com o atendimento individual. Esse tipo de atendimento, no entanto, nem sempre é possível. Com frequência, o cônjuge está tão comprometido com a dinâmica adictiva que apresenta enorme resistência a colocar em questão sua própria participação; a força dos ganhos secundários e o grau de "perversificação" e de deterioração de caráter são aqui determinantes. Em casos mais graves, o analista pode necessitar ajuda de um psiquiatra que possa construir, através de algum contato com a família, um pacto de trabalho mínimo que possibilite a continuidade do tratamento ou, até, reconhecer a inviabilidade do trabalho. (Gurfinkel, 2011, pp. 428- 429)

Em meu percurso de trabalho com familiares de adictos, formei um grupo terapêutico com familiares que telefonavam para o Grupo Interdisciplinar de Estudos de Álcool e Drogas (GREA), do IPq-HC-FMUSP, onde eu trabalhava, dizendo que não sabiam o que fazer porque o adicto a álcool e/ou drogas não queria procurar ajuda. Eu dizia: "venha você, então!". Foi um grupo que durou por volta de oito meses, só com familiares de adictos que não queriam buscar tratamento. Fizemos um grupo fechado e, desse grupo de familiares de oito famílias, todos os adictos a álcool e drogas foram buscar tratamento. Depois, infelizmente, não os acompanhei mais, e não sei quantos pararam ou prosseguiram com o tratamento, mas considero muito importante ressaltar um dado: quando os familiares são cuidados, há uma mudança na dinâmica familiar, que abre espaço para a busca de novos lugares na família, que pode gerar a procura pela terapia.

Em muitos casos, há a indicação da terapia de casal ou familiar, mas isso varia em função de uma série de fatores, como a gravidade do caso, a estrutura psíquica mais ou menos enrijecida, a faixa etária e a condição familiar. Às vezes, a família é a primeira a pedir ajuda; em outros casos, a família não quer ser tratada ou a demanda de tratamento não vem de imediato dos dois membros de casal. Em pacientes de organização neurótica mais evidente, a adicção, seja qual for, pode ser tratada no *setting* individual (Gurfinkel, 2011, p. 429). Em alguns casos, o tratamento de um dos membros da família pode levar outros a buscar ajuda, como no caso citado, e há ainda casos em que o tratamento ajuda a separar um casal com funcionamento adictivo (quando um dos dois para de beber ou usar drogas e começa a ficar mais independente, é comum que o casal se separe, pois é possível que aquele que se modificou busque novas maneiras de se relacionar, e o outro, que não se modificou, busque a repetição do modelo antigo). Assim, devemos ficar atentos à demanda e às possibilidades de cada família, casal ou indivíduo.

Certos conceitos propostos por Winnicott, como o de objeto transicional, espaço potencial e *holding*, são importantes para alguns dos que se dedicam ao tratamento de casais. Nesse sentido, os objetos e fenômenos transicionais poderiam ser utilizados como modos de compreender um tipo de relação entre os cônjuges, visando explicar a percepção que eles têm um do outro, paradoxalmente, percebidos e fantasiados. Hegenberg, nessa mesma direção, apoia-se em algumas das contribuições de Winnicott e salienta:

> O relacionamento de um casal ocorre no espaço potencial criado pela díade e se desenvolve no entrecruzamento de suas realidades internas com o jogo de projeções e introjeções que acontece na interação de suas subjetividades. A relação dos dois é influenciada pela biografia e pela herança transgeracional de cada um e pelas diferentes circunstâncias da história do casal, aí incluído seu momento socioeconômico (Hegenberg, 2010, citado com autorização do autor).

Porchat comenta, por sua vez, que o conceito de *holding* é utilizado para falar de uma das funções básicas do cônjuge, que é a de dar sustentação para o parceiro (Porchat, 2006, pp. 135-136). Assim, pode-se afirmar que se dedicar ao conhecimento do vínculo entre o casal inclui compreender suas escolhas objetais, sua história afetiva e sua família de origem, com o objetivo de poder compreender e mudar uma série de comportamentos que ocorrem sem reflexão, determinados pelo inconsciente e não ditos em palavras, e isso possibilitaria diminuir as projeções mútuas.(Hegenberg, 2010, citado com autorização do autor)

Há uma concordância entre os terapeutas que trabalham com casais sob esta ótica, que é a busca pela compreensão do vínculo, pensado como sendo a ligação com o outro, e que a relação conjugal pode ser um meio para a integração e o amadurecimento (Porchat, 2006, p. 137), considerando que o casamento é também uma tentativa original de cura ou a forma mais frequente de resolver a neurose. Ou seja, na medida em que possam ser reeditadas, no casamento, as relações objetais precoces e posteriores, haveria a possibilidade de elas serem reelaboradas, resolvendo conflitos infantis.

3.5. Aspectos clínicos da constituição do casal e de seu tratamento

Freud diz que a escolha dos parceiros pode ser anaclítica ou por apoio, seguindo o modelo de apoio recebido pelos pais na infância, ou narcísica, no qual o outro representa o que se desejaria ser, o que se foi no passado ou o que se é; nesse tipo de escolha o parceiro seria uma extensão do outro (Freud, 1914c, p. 94).

Porchat, seguindo esse pensamento freudiano, considera que, quando do um casal se forma, os dois podem enumerar diversos motivos para explicar suas escolhas. Sabem das motivações conscientes, mas não das inconscientes, e não sabem por qual "sexto sentido" as pessoas captam no outro a possibilidade de trabalhar complexos e necessidades derivadas sobretudo da infância (Porchat, 2006, p. 146-147).

Parece haver, assim, um pacto secreto entre os parceiros, um encaixe que modulará suas futuras formas de interação, o que poderá sustentá-los em direção ao crescimento emocional ou a serem imaturos e destrutivos (p.146 e 147).

Porchat (2006) apresenta também o quadro de uma compreensão kleiniana, afirmando que "o conluio inconsciente apoia-se na identificação projetiva, mecanismo psicológico que possibilitará aos parceiros o compartilhamento de suas demandas inconscientes, demandas essas com frequência ambivalentes e contraditórias tal como havia no passado infantil" (Porchat, 2006, p. 147).

Nesse tipo de escolha, as pessoas podem buscar parceiros que perpetuem necessidades emocionais infantis que foram satisfeitas e gratificadas na infância, ou buscar parceiros que satisfaçam necessidades que não foram satisfeitas, visando reparar feridas emocionais e resolver antigos conflitos. Isso pode levar à repetição compulsiva do conflito neurótico infantil, agora reencenado com o parceiro. Esse tipo de escolha conduz os cônjuges a formas de interação conjugal muito destrutivas, nas quais praticamente não há espaço para que o passado infantil seja reelaborado de modo mais positivo (Porchat, 2006, p. 147). Diz a autora:

> Muitas das escolhas que buscam reparar o passado infantil determinam um vínculo conjugal que se configura como uma complementariedade assimétrica entre os parceiros. Um deles é o protetor, o mais forte do ponto de vista emocional, e o outro necessitando ser protegido e mantendo características infantis. (2006, p. 147)

Esse tipo de conluio, que com o tempo pode se tornar desgastante, costuma ser muito difícil de romper, como pudemos ver por meio da nossa experiência com atendimentos de casais de dependentes químicos.

Assim, segundo Porchat, o encontro com o outro e o casamento, além de poderem ser encontros amorosos, de troca, companheirismo, possibilidade de comunicação física e psíquica, de compartilhamento e do si mesmo com o outro, são ainda tentativas de lidar com o passado e resolver conflitos. Ela diz ainda que, por meio da dinâmica marital, há a possibilidade de cada cônjuge reintegrar no eu partes que nega ou rejeita, desenvolvendo-se psiquicamente, ou também obstruir o desenvolvimento emocional dos parceiros (Porchat, 2006, p. 141). Afirma ela:

> O casamento é então visto, em primeiro lugar, como um *locus* para o crescimento emocional dos cônjuges, um lugar onde o mundo interno de cada parceiro encontra, na interação com o outro, espaço para a reencenação das fantasias inconscientes e das angústias e defesas relacionadas a elas. O casamento oferece, em princípio, uma chance, uma segunda oportunidade para a reelaboração da vida emocional do passado sob formas mais criativas ou construtivas. [...] devido ao grau de intensidade e à proximidade física e emocional que cria, a relação conjugal é a relação adulta que mais se aproxima da relação diádica mãe-bebê, por isso sendo evocadora daquelas vivências primárias. (Porchat, 2006, p. 142)

Ao referir-se às terapias de casais, Gomes (2006) comenta, num sentido complementar ao de Porchat:

> O desenvolvimento pessoal de um dos cônjuges por meio da terapia individual pode gerar um desequilíbrio na dinâmica do casamento, tornando-se necessário o atendimento do casal. Quando somente um dos cônjuges se submete à terapia pessoal, suas transformações e seus questionamentos existenciais tendem a desnivelar a relação, visto que o companheiro pode sentir-se alijado dos processos mutativos em andamento. Não é incomum que ocorram ciúmes e desconfiança por parte do cônjuge que não está em tratamento, chegando mesmo a produzirem-se ataques, denegrimentos e atuações dirigidas contra a terapia do parceiro ou contra a pessoa do terapeuta (Gomes, 2006, p. 13).

Uma terapia de casal receptiva e acolhedora poderá, então, abrir portas a posteriores investigações psíquicas individuais, uma vez que os pacientes tenham conseguido elaborar seus temores relativos à suposta onipotência (poderes mágicos) do terapeuta, atribuída, via de regra, no início do processo de cura ou destruição do vínculo. Cabe, no entanto, ressaltar que o objetivo de uma terapia de casal não é o de levar a uma terapia individual. Nesse sentido, o esclarecimento da dinâmica psicoafetiva do casal, em que um dos membros é dependente químico, pode mostrar mais objetivamente de que forma a adicção pode ser estimulada ou não pela vida conjugal, colocando assim em evidência quais aspectos e de que modo serua possível intervir no núcleo desse problema, tão individual quanto social.

* * *

Esse conjunto de referências e comentários sobre o *setting*, o modo de funcionamento e os objetivos das psicoterapias psicanalíticas ou de base psicanalítica (dedicadas a indivíduos, casais, famílias etc.) apresentado anteriormente estabelece, a meu ver, o referencial para compreender como construí o quadro para que pudesse observar os dados (fenômenos) relativos ao problema dos relacionamentos adictivos. Certamente, nesta apresentação, uma série de temas que dizem respeito ao manejo e a todos os problemas que advêm desse modo de trabalho psicoterápico ficaram apenas indicados ou, até mesmo, excluídos. No entanto, esse não é um trabalho de análise da técnica ou do método psicanalítico propriamente dito, mas um trabalho que usa desse método para colocar em evidência alguns fenômenos que caracterizam certos tipos de patologias relacionais.

Agora, no início do próximo capítulo, tratarei de comentar de que maneira o caso clínico será pensado, seja no que se refere à explicitação da sua natureza, objetivo e delimitações, seja no que diz respeito à maneira como organizei e analisei os dados colhidos na minha clínica por meio desse método.

CAPÍTULO 4
Análise dos casos clínicos focados na questão dos relacionamentos adictivos

Neste capítulo, dedico-me à análise do material clínico que pode exemplificar e esclarecer a compreensão do que são os relacionamentos aditivos. Começo, em primeiro lugar, caracterizando o que é um estudo de caso clínico do ponto de vista da teoria psicanalítica, explicitando com quais objetivos, delimitações e de que maneira os dados clínicos foram selecionados, separados, reagrupados e interpretados. Em seguida, abordando mais diretamente a análise do material clínico e colocando em evidência o fenômeno dos relacionamentos adictivos, apresento um caso clínico descrito de forma mais ampla. Na parte final deste capítulo, refiro-me a alguns tipos de relacionamentos adictivos, salientando que esse é um fenômeno que pode ter aspectos benéficos, dado que, mesmo que a dependência possa trazer sofrimento, quando ela é compreendida e quando o fato de depender de alguém pode ser aceito e vivido dentro de certos limites (ou seja, sem que implique uma aniquilação do indivíduo), essa experiência ou vivência pode ter efeitos reparadores nos membros de um casal.

4.1. Considerações gerais sobre o que é um caso clínico em psicanálise

De modo geral, creio que o estudo de casos clínicos corresponde a uma maneira de o psicoterapeuta ou psicanalista comunicar a seus colegas como ele viu determinado problema e como encaminhou sua solução, apresentando um material que possa levar o leitor a compreender tanto teórica quanto empiricamente as propostas feitas. Freud, no início do caso Dora, afirma: "Ora, eu penso que o médico não assume somente deveres em relação a cada um de seus pacientes, mas também em relação à ciência. Em relação à ciência, não quer dizer, no fundo, outra coisa senão em relação aos numerosos doentes que sofrem ou sofrerão um dia da mesma coisa" (1905e, p. 17).

A psicanálise se ocupa das pessoas e de suas histórias de vida, o que corresponde não só a um fundamento, mas a um procedimento metodológico. Por um lado, trata-se da pessoa e não do sintoma; por outro, a compreensão dessa pessoa depende, necessariamente, de uma história de vida, e é justamente por isso que os casos clínicos se assemelham a romances (Freud, 1905e, p. 17).

Dentre os diversos textos dedicados à análise do que é o caso clínico na psicanálise (Assoun, 1990; Fédida, 1990; Nasio, 2000; Roazen, 1995; Stroeken, 1987; Winnicott, 1971b), retomarei apenas um deles, o de Juan-David Nasio, dado que ele apresenta os aspectos gerais que me servirão para caracterizar minha maneira de conceber o que é o material clínico organizado para fins de análise teórica, sua natureza e sua função, ainda que minha compreensão geral também esteja baseada em outros autores.[18]

Nasio se dedicou a um estudo aprofundado da natureza e da função do caso clínico na psicanálise. Ele afirma:

> Assim, em psicanálise, definimos o caso como o relato de uma experiência singular, escrito por um terapeuta para atestar seu encontro com um paciente e respaldar um avanço teórico. Quer se trate do relato de uma sessão, do desenrolar de uma análise ou da exposição da vida e dos sintomas de um analisando, um caso é sempre um texto escrito para ser lido e discutido. Um texto que, através de seu estilo narrativo, põe em cena uma situação clínica que ilustra

---

18. Este é um tema que certamente exigiria um estudo detalhado muito mais amplo do que o que apresento aqui, mas este trabalho não é sobre o caso clínico em psicanálise. Para apresentar o material clínico, estou me apoiando, no entanto, em uma das compreensões sobre o que é o caso clínico em psicanálise, mais especificamente em um dos aspectos ou funções da apresentação do material clínico tal como analisado por Nasio.

uma elaboração teórica. É por essa razão que podemos considerar o caso como a passagem de uma demonstração inteligível a uma mostra sensível, a imersão de uma ideia no fluxo móvel de um fragmento de vida, e podemos, finalmente, concebê-lo como a pintura viva de um pensamento abstrato. (Nasio, 2000, pp. 11-12)

Para ele, o caso clínico realiza três funções: uma *didática*, que procura transmitir a psicanálise dando exemplos, imagens, de situações clínicas que exemplificam conceitos (2000, p. 12); uma *metafórica*, fornecendo modelos gerais clínicos (Dora, Hanns, Schereber etc.) como se fossem "arquétipos da psicose, da histeria e da fobia" (Nasio, 2000, p. 16); e uma *heurística*, que visa servir de modelo para novas descobertas, para a solução de novos problemas que possam ser similares ao analisado no caso clínico (Nasio, 2000, p. 17). Do modo como usarei o material clínico, mantenho-me focada e delimitada principalmente à *função heurística* comentada por Nasio. Nela, o caso clínico tem a utilidade de servir para explicitar e explicar a descoberta e a solução dada para determinados fenômenos vividos na prática clínica.

De um modo geral, cabe dizer, contudo, que, tanto para Freud quanto para Nasio, o caso clínico não corresponde à totalidade do que acontece na história de um paciente ou do que ocorre em um processo psicoterápico ou psicanalítico. O caso clínico é, por assim dizer, um recorte e uma simplificação de uma história verdadeira. O material clínico apresentado é um agrupamento de partes selecionadas da história do paciente e da história de seu tratamento, obtidas no quadro do tratamento psicoterápico com o objetivo de destacar um determinado problema e como ele foi entendido e tratado.

Procurando me posicionar sinteticamente quanto ao que é o caso clínico e a como vou usar esse material clínico neste trabalho, faço alguns apontamentos que me parecem relevantes para fundamentar meus resultados:

1. O caso clínico não corresponde à totalidade do que acontece em um tratamento, mas é um recorte focado em um problema ou em um acontecimento; é uma simplificação da grande quantidade de coisas que acontecem, tendo em vista o esclarecimento de um fenômeno, conceito ou problema;

2. Meu objetivo será o de descrever e compreender algumas dinâmicas relacionais e suas ligações com as histórias individuais;

3. Do vasto material clínico que se origina de meus atendimentos, selecionei apenas os aspectos que podem esclarecer os relacionamentos adictivos, deixando de lado uma série enorme de dados clínicos que poderiam ser usados para esclarecer outros problemas;

4. Descrevo minha experiência clínica e minhas observações cuidando para modificar os dados objetivos que poderiam, de alguma maneira, identificar meus pacientes;

5. Para selecionar o material clínico que serve a esta pesquisa, procurei identificar, em primeiro lugar, as situações que pudessem mostrar com mais proximidade e mais clareza o relacionamento adictivo; em seguida, procurei na história de vida da pessoa adicta a um relacionamento (na sua história infantil) os fatos e acontecimentos que estivessem referidos ou mais relacionados às fases mais primitivas de seu desenvolvimento.

Cabe, ainda, mais um esclarecimento sobre a maneira como serão apresentados e comentados os dados clínicos: não descreverei os fatos e depois os interpretarei, mas mesclarei a descrição das situações clínicas (ou da história de vida dos pacientes) com comentários e/ou entendimentos teóricos sobre os fenômenos apresentados.

4.2. Análise dos casos clínicos

O material clínico que utilizo pode ser dividido em dois tipos: 1. os dados de atendimento na Clínica Psicológica do IP-USP; 2. um conjunto mais amplo de casos, com algumas passagens e vinhetas pinçadas de minha experiência em clínica privada, no qual destaco certos aspectos gerais (com o cuidado de mudar qualquer tipo de dado que pudesse identificar os pacientes). Nesse segundo caso, trata-se da possibilidade de agrupar minha experiência para pôr em evidência aquilo que, por vezes, se apresenta de maneira dispersa na prática clínica.[19]

Na análise do material clínico, pretendo:

1. Com o primeiro caso, apresentar dados mais amplos da história de vida do casal que está em um relacionamento adictivo, procurando mostrar o tipo de sofrimento e de busca que realizam, tanto com o uso das drogas quanto no outro, bem como uma parte de sua história familiar, fundamento e gênese de sua busca adictiva;

2. No segundo tipo de material, tenho a intenção de dar exemplos sobre tipos possíveis de relacionamentos adictivos que fornecem um material empírico que pode servir como ponto de partida para compreensão de outros casos em outras situações, a saber:

   a) relação adictiva cujo sintoma principal é a briga;

   b) o casal que tem nos filhos a sua droga;

   c) o indivíduo adicto a conquistas;

   d) o indivíduo que precisa estar casado, ainda que o casamento seja insatisfatório;

---

19. No caso atendido na Clínica Psicológica da USP, houve a assinatura de um termo de consentimento devidamente aprovado pelo Comitê de Ética. Nos casos atendidos em consultório, não considerei necessário tal procedimento, dado que não vou apresentar as falas e a história dos pacientes, mas tão somente vinhetas relativamente genéricas que dizem respeito muito mais à minha experiência analítica do que a um material que possa caracterizar ou identificar uma pessoa.

e) o indivíduo que não consegue manter ou até mesmo ter algum relacionamento afetivo, dado que todo relacionamento denuncia o vazio impossível de ser preenchido;

f) os casos em que o casal procura atendimento, mas não consegue fazer o movimento de chegar até o consultório;

g) o casal que, mesmo estabelecendo um relacionamento adictivo, pode usar a situação de dependência inicialmente patológica como modo de "consertar" as falhas ambientais de seus passados, caminhando em direção ao amadurecimento.

4.2.1. Casal 1 – Doce Veneno

Nesse caso, pretendo pôr em evidência a relação conjugal entre duas pessoas que parecem muito doces, desprotegidas, cordatas e, ao mesmo tempo, capazes de falas e ações muito violentas, causando muita dor e ressentimento mútuos. Ao longo de minha exposição, espero também poder caracterizar qual é o lugar da droga nessa relação, associando-a ao tipo de relação de dependência que cada um dos membros do casal vive e de que têm necessidade.

Aspectos gerais da situação do casal no início do atendimento

Esse casal foi atendido na clínica psicológica Durval Marcondes, do IP-USP, a partir de encaminhamento para o Sefam (Serviço de Atendimento Psicológico a Famílias e Casais da USP). O encaminhamento veio da escola das filhas deles.

Ela, N., de 24 anos, ele, R., de 29 anos, casados há quatro anos, desde que souberam que ela estava grávida da primeira filha. Na época, ela foi morar na república dele. Antes, eram amigos "coloridos" e não monogâmicos. Eles têm duas filhas, uma de 4 e outra de 3 anos. O casal e as duas filhas vivem em uma casa que alugaram quando ela ficou grávida da segunda filha, pois ela não conseguia mais viver na república, que era extremamente malcuidada. Ele, antes, trabalhava vendendo cerveja na faculdade e, quando ela engravidou, parou de estudar e foi trabalhar fazendo produção de espetáculos; hoje, é contratado em uma casa de espetáculos e faz trabalhos como *freelancer*, trabalhando além do limite do saudável, sem folgas, sem tempo para descanso e sem cuidados consigo. Ela está terminando a faculdade de História e trabalha com um horário flexível como estagiária, ligada à faculdade, e cuida das filhas com a ajuda dos sogros. No momento, os dois são adictos de maconha, mas já fizeram uso intenso de álcool e outras drogas, como cocaína, crack, ecstasy e LSD, além de cigarro. Hoje em dia, usam álcool de forma esporádica, mas, quando começam a beber, não conseguem parar e caem no abuso.

Tipo de problema específico que os levou a solicitar ajuda psicoterápica

Chegaram ao Sefam encaminhados pela escola das filhas, por causa do comportamento da filha mais velha (na época com 3 anos), que sempre foi uma menina, segundo as palavras da mãe, "brava e que tinha episódios de surto diariamente, chegando a ficar dez dias chorando seguidamente". A pedagoga da escola a encaminhou, ressaltando o grau de sofrimento da criança que se debate, contrai-se toda, chora e chega a ficar roxa. A outra filha (na época com 2 anos), no início, era um pouco mais calma, mas começa a reagir como a irmã quando contrariada.

São atendidos, inicialmente, pelo psicólogo do Sefam, realizando quatro sessões com a finalidade de triagem. Avaliados como tendo a necessidade de um tratamento psicoterápico mais intenso e regular e com um histórico de abuso de álcool e outras drogas, são encaminhados para mim. No primeiro encontro comigo, logo que se sentam (distantes um do outro, quase virando as costas), já posso ver sinais de que algo não vai bem entre eles.

(Primeira impressão visual: ela é uma mocinha com feição simpática, magra e com estilo alternativo/*hippie*; ele também é mocinho, com uma feição doce, mas é extremamente descuidado consigo mesmo: está gordo, com cabelos e barba sem corte e sem pentear, não se atém à higiene e à limpeza própria ou de suas roupas.)

No decorrer da sessão, reparo na maneira como evitam (principalmente ele) se olhar e no modo como relatam os acontecimentos quando se percebe que estão ressentidos um com o outro. R. principalmente se mostra bem ressentido, como aparece, por exemplo, nesse diálogo da primeira sessão, quando estão contando como se conheceram:

N.: – Nessa época éramos só amigos. Não éramos, R.? Porque agora já não sei, é tanta raiva que ele tem de mim...

(R. mal responde.)

N. (fica chateada) – Acho que éramos amigos, que conversávamos, não éramos, R.?

R.: – Se você diz...

N.: – Éramos sim. Muitas vezes não saíamos com outros amigos para ficarmos só nós dois. Nós conversávamos muito. Ele era carinhoso comigo. Eu era carinhosa com você, né, R.?

R.: – Se você diz...

N.: – Espero que sim (quase chora).

R.: – Era carinhosa, sim, mas só ia em casa por causa dos amigos, não era por minha causa... Era uma turma...

Na conversa, o ressentimento fica mais claro. Ele mal quer falar; ela fala e tenta ter a opinião dele; ele evita se pronunciar, até que ela quase chora, então ele acode, revelando que a deixa vivenciar um pouco o desamparo para depois a socorrer. No entanto, ele sofre por se sentir submetido, como podemos ver neste diálogo relacionado ao trato com as filhas:

R: – Não é bem assim, você sempre muda. Você só quer tudo do seu jeito. Quando eu chegava do trabalho, correndo, ansioso para ver as meninas à noite, você já estava colocando-as para dormir, não deixava eu entrar no quarto.

N.: – É que elas estavam quase dormindo, e ele atrapalhava, daí elas não queriam mais ficar comigo, só com o pai; e eu gosto que tenham horários, e assim bagunça tudo.

R.: – No fim, mudei o trabalho para a noite, nem as coloco mais para dormir, de tão difícil que estava. Assim eu trabalho, ganho dinheiro, e ela faz tudo do jeito dela. E me sinto mal por ficar ausente.

Eles não conseguem conversar, chegar a um acordo, então brigam; ele fica sem falar com ela, e ela fica extremamente desamparada e sem forças para cuidar das meninas, que, então, à sua maneira, dominam a situação. Eles sofrem, pensam em se separar, mas não o fazem, e isso vira mais um motivo para briga:

N.: – Antes eu pensava em me separar, depois pensei em tentar, mas o clima em casa é horrível; ele não me escuta, não conversa, não fala.

R.: – Ela quer tudo do jeito dela, só quer que eu esteja junto quando precisa que eu dirija. Ela quer se separar, assim eu dou o dinheiro, levo na escola, e ela faz tudo do jeito que quer.

N.: – Eu confio em você. Quando elas estiverem com você estarei tranquila, mas os dois juntos não dá. Ele chega, as meninas me rejeitam, a mais velha quer tudo do jeito dela, faz escândalos, grita, chora, se joga no chão, e a menor agora quer imitar, é horrível. R. é uma pessoa boa, ele se esconde atrás dessa aparência desleixada, mas é uma pessoa doce, todo mundo fala. Eu confio em você, R.

R.: – Está horrível também porque antes podia tudo e agora não pode mais nada.

Ele é muito permissivo com as meninas. Ela quer rigor e não consegue. Um põe a culpa no outro por nenhum deles conseguir fazer do jeito que acha certo. Não conseguem conversar, chegar a um acordo sobre o que acham certo ou esperam, pois eles mesmos não sabem direito o que querem, precisam ou acham certo, então ficam esperando que o outro solucione a questão. Ela quer se separar, mas não quer; ele reclama dela violentamente, mas não consegue conversar nem pensar em se separar.

Assim já podemos ver que, apesar de o motivo do encaminhamento ter sido o sofrimento da filha, este é fruto das grandes dificuldades individuais e de relacionamento de N. e R., em que o ressentimento e a dependência têm um lugar central.

Eles contam que, desde o início, o relacionamento foi confuso. Conheceram-se nas baladas, onde bebiam muito. Saíam das festas após beber e usar drogas e iam para a república dele, onde ficavam. Relatam que viram meu nome na internet e leram que eu trabalhava com problemas de álcool e drogas. Ela conta que se preocupa, pois bebeu muito durante a gravidez e a amamentação da primeira filha.

Os dois foram viver juntos devido à gravidez de N., que, a meu ver, foi mais uma atuação fruto de seu desespero, de uma busca para preencher o que ela sente como vazio, de sua depressão e de sua necessidade de apoio, do que de ter se preparado e sentido madura para ter um filho.

R. é um homem muito inseguro, não se sente capaz ou interessante para conquistar uma mulher, é também exigente consigo e, como já mencionado, doce. N. diz que não gosta de preservativos, e ele nunca iria questionar isso, pois tê-la disponível para ele, como ele diz, estava maravilhoso. Como é exigente consigo e, por um lado, doce, ele nunca iria deixá-la grávida e sozinha. Acho que ela intuiu isso, sentiu isso nele.

Tinham relações sem camisinha ou qualquer outro contraceptivo, e N. não só engravidou uma vez, mas duas. Hoje em dia, eles quase não têm vida sexual, mas, muito raramente, se têm, é sem prevenção; então, correm o risco de terem mais filhos, sem preparo ou maturidade para isso e sem darem conta de cuidar de si mesmos e das filhas. Não conseguem pensar em ter esse tipo de cuidado. No meio de tudo isso, há questões profundas ligadas à sexualidade deles que são negadas e mascaradas.

* * *

No relato do psicólogo que os atendeu, N. conta que, na adolescência, não sabia o que fazer da vida; fumava maconha, bebia muito álcool e já havia experimentado quase todas as drogas. Hoje, continua fumando maconha.

Nos atendimentos comigo, R. relata que começou a fumar cigarros aos 7 anos e fumou até a adolescência. Começou a beber aos 12 anos e parou com 17 devido à cirrose. Voltou a beber um ano depois. Hoje, bebe "socialmente". A diminuição da bebida aconteceu na primeira gravidez, quando passaram a beber "só" seis garrafas de cerveja diariamente, hábito que suspenderam após a segunda gravidez.

N.: – Mesmo durante a gravidez e amamentação, bebíamos muito. Nós diminuímos nessa época, mas o que é pouco para a gente nem sempre é pouco para os outros, e não sei se isso também contribuiu para as dificuldades de nossa filha. Durante a gravidez e a amamentação da segunda filha, já havíamos parado. Quando diminuí, o que digo que era pouco para mim, eram seis garrafas de cerveja por dia.

R. conta que começou a fumar maconha também com 12 anos e que aumentou o uso na época da cirrose (quando tinha 17 anos), pois não podia beber. Fuma maconha até hoje, de manhã, na hora do almoço e à noite.

N. acrescenta que ele não consegue ficar sem a droga, pois, se não tiver maconha acessível no trabalho, ele vem para casa para usar.

Ele não vê problemas no uso; como já parou de beber quando teve cirrose, acha que para com a maconha quando quiser. Diz que, no trabalho, usa com os colegas, para "dar um gás". Isso não atrapalha em nada, até ajuda, e, quando os colegas não podem, ele vai para casa fumar, pois é muito pertinho.

N. diz que também começou a fumar maconha com 12 anos. Na época, bebia e fumava muitos cigarros, no mínimo um maço por dia. Assim, não fumava tanta maconha. No dia seguinte em que soube que estava grávida da primeira filha, parou com o cigarro e então aumentou o uso da maconha. Daí em diante, não parou mais. No início, quando as meninas dormiam ou iam um pouco lá fora, fumar era um momento de os dois estarem juntos. Hoje, nem isso mais fazem juntos: cada um fuma sozinho.

N. conta que tem vontade de parar. No ano anterior, quando estavam melhor, ela parou um pouco, mas logo voltou. Hoje, também fuma três vezes por dia, de manhã, à tarde e à noite. N. relata ainda que, quando bebe, não consegue parar, e isso só ocorre em situações sociais.

Os dois têm claramente um funcionamento adicto, utilizando a droga e o relacionamento para se preencherem; usando as palavras de McDougall (2001): é a função maternal que não conseguem fazer por si mesmos.

* * *

No trabalho com eles, é preciso ajudá-los a amadurecer, no sentido em que Winnicott considera a saúde como o amadurecimento adequado à idade do indivíduo:

> Um dos postulados da psicanálise é o de que a saúde implica na continuidade desse progresso evolutivo da psique, e de que saúde significa maturidade do desenvolvimento emocional adequado à idade do indivíduo, sendo óbvio que tal maturidade refere-se a esse progresso evolutivo. (1955d, p. 377)

Winnicott considera que a função da análise é fornecer as condições ambientais para que o próprio paciente possa encontrar as soluções para seus problemas, integrando-o de forma a não ser mais escravo de si mesmo. Nesse sentido, ele diz:

> Em um contexto profissional, dado o comportamento profissional apropriado, pode ser que o doente encontre uma solução pessoal para problemas complexos da vida emocional e das relações interpessoais; o que fizemos não foi aplicar um tratamento, mas facilitar o crescimento. (1986f, pp. 113-114)

De acordo com Winnicott, a saúde corresponde a um tipo de adequação entre a idade cronológica e o modo de funcionamento afetivo do indivíduo ou, em outros termos, equivale à maturidade de acordo com a idade do indivíduo (1971f, p. 24). A doença corresponderia, então, a um tipo de imaturidade:

> o distúrbio psicológico é imaturidade, imaturidade do crescimento emocional do indivíduo, e esse crescimento inclui a evolução da capacidade do indivíduo para relacionar-se com pessoas e com o meio ambiente de um modo geral. (1984i, pp. 265-266)

Em outros momentos, ele se refere à saúde de uma maneira que caracteriza alguns comportamentos, reconhecendo que a existência do ser humano como os outros seres humanos é difícil:

> A vida de um indivíduo são se caracteriza mais por medos, sentimentos conflitantes, dúvidas, frustrações do que por seus aspectos positivos. O essencial é que o homem ou a mulher se sintam *vivendo sua própria vida*, responsabilizando-se por suas ações ou inações, sentindo-se capazes de atribuírem a si o mérito de um sucesso ou a responsabilidade de um fracasso. Pode-se dizer, em suma, que o indivíduo saiu da dependência para entrar na independência ou autonomia. (1971f, p. 10)

A saúde é caracterizada, portanto, como um modo de ser que conjuga autonomia com relacionamento e dependência do outro, sem perda da espontaneidade.

A vida familiar de R.

R. é o filho caçula e tem um irmão quatro anos mais velho. O pai é lembrado como um homem carinhoso, mas sem pulso, sem jamais ter interferido para dar ordens, delimitar ou organizar as relações familiares. Os pais sempre trabalharam muito (agora trabalham menos, para cuidar das netas), e ele ficava com o irmão, diagnosticado como bipolar e que mandava e batia nele, sem ninguém contê-lo. A mãe também é carinhosa, mas, quando eram pequenos, era muito ausente, sempre voltada para o trabalho e a organização da casa, sem olhar o que se passava com os filhos. Era e é permissiva: pode tudo, não há limites para nada e cada um faz o que bem entende. R. parece gostar dos pais e se relacionar razoavelmente bem com eles (socialmente, se relaciona bem, mas é fechado e não fala de nenhum sofrimento para eles), mas estes sempre foram ausentes e não colocam limites, nem mesmo para as netas. R. tem muita mágoa por não ter sido protegido e pelos pais terem deixado o irmão fazer tudo o que queria, até mesmo com ele, e por terem deixado ele se machucar na vida sem contê-lo, sem mostrar que precisa cuidar da saúde e de si mesmo.

Quando perguntei por que ele havia ido morar em uma república, ele me disse:

R.: – Por causa das dificuldades com meu irmão mais velho. Na minha família somos meu pai, minha mãe e meu irmão quatro anos mais velho. E meu irmão sempre me maltratou, me bateu, e meus pais trabalhavam muito. Minha mãe e meu pai são professores de escola, muito dedicados, trabalhavam muito e não tinham tempo para cuidar da situação. Nós estudávamos na escola onde minha mãe trabalhava e íamos e voltávamos com ela. Ficávamos, então, o tempo todo juntos. Mas ela ficava trabalhando e não via o que meu irmão fazia. Ele já me machucou algumas vezes, as mais graves sem a intenção direta, mas tive de levar pontos. Ele tem muitas dificuldades: foi diagnosticado como bipolar, toma remédios, e, com isso, meus pais sempre deixaram e ainda deixam ele fazer o que quer [lembrei-me do psicólogo do Sefam que os atendeu primeiro e associou a filha deles, que foi o motivo do encaminhamento, a esse irmão dele]. Na escola, pela revolta com minha mãe, eu me larguei e comecei a beber muito. Era vodca ou outro destilado, e mais cerveja, tudo em grande quantidade. Era muito mesmo.

N.: – Eu também.

R.: – Então com 17 anos tive cirrose.

L.: – Como você percebeu?

R.: – Comecei a me sentir muito mal, com muita dor, e fui ao médico. Seguindo a recomendação dele, fiquei um ano sem beber. Mas sentia muita dor, e o médico indicou que naquele ano eu não tomasse remédio. Depois daquele ano, ele liberou o remédio, e fiquei com raiva por ter passado tanta dor e ele não ter me deixado tomar o remédio, e nunca mais voltei nem nesse médico, nem em outro.

L.: – Como seus pais lidaram com isso?

R.: – Nunca mais perguntaram nada, nem cobraram. Eles pensam: se não quer, não vai.

A família de R. é amorosa, mas ausente no sentido de não observar o que acontecia com os filhos nem colocar limites, o que o fez sofrer muito, sentir-se submetido a um irmão mais velho mais forte e perturbado. Como ele não tinha a quem recorrer, fechava-se e ia embora, padrão que se repete até hoje. Também repete em seu relacionamento com N. a "liberdade" do "se não quer, não vai". Se ela não faz algo, é porque não quis fazer, o que limita sua comunicação com ela e o deixa muito frustrado.

Ele se afastou da família, foi morar em uma república, estudava em uma faculdade pública e vendia cerveja para se sustentar. Quando N. engravidou, foi uma surpresa para ele e para a família. Diz ele:

R.: – Eles nunca esperavam, pois eu era um caso meio perdido que não estudava, só bebia, era bem largado. Mas depois ajudaram muito.

A gravidez teve um enorme impacto na vida e deles e da família. Aparentemente, eles deixaram de ser os casos perdidos para serem pais responsáveis. Mas vemos ao longo das sessões que as dificuldades deles continuam sendo bem profundas, causando grande sofrimento também às filhas.

Os pais de R. assumiram muito os cuidados com as meninas; o pai dele busca as meninas todos os dias na escola, e a mãe fica com elas às terças, quintas e sextas depois da escola e também nos fins de semana (as meninas só vão para casa para dormir e tomar café da manhã, o que já é uma rotina bem difícil para N. e R.). A sensação que dá é que os avós também são um pouco pais das meninas.

A vida familiar de N.

N. é a mais nova de quatro irmãs. A mais próxima dela é cinco anos mais velha, e a mais velha das quatro é doze anos mais velha que ela. N. era a filhinha caçula, uma menina doce e cordata que ainda tomava mamadeira aos oito anos de idade. Isso até que, na adolescência, rebelou-se, vivendo atrás de homens, tendo múltiplos parceiros, usando muitas drogas e bebendo, passando, inclusive, vários dias sem voltar para casa. A mãe é uma pessoa muito insegura, não se desenvolveu no trabalho e, a despeito das brigas constantes com o pai, não conseguia se separar. As filhas têm um misto de proteção e desprezo por ela ser tão fraca (na concepção de N.) e não ter conseguido protegê-las daquele ambiente terrível, instável e tão cheio de brigas. O pai é alcoólatra, bebia muito e, quando chegava em casa, ele e a mãe brigavam. Alcoólatra funcional, trabalhava e sustentava a mãe e as filhas, o que tornava mais difícil para a mãe se separar. N. cobrava da mãe e não aceitava o que ela via como passividade e incapacidade de proteger as filhas do sofrimento que o casamento conflituoso gerava. Assim, o relacionamento dela com a mãe sempre foi muito difícil. Hoje, no entanto, está melhor. Com o pai, o relacionamento era muito bom; apesar de beber, ele sempre era carinhoso, sedutor e disponível, então, ela o idolatrava. Hoje, está mais distante dele e sofreu muito quando a idealização dele desmoronou (ao descobrir que ele via revistas de mulheres nuas, ou seja, que era um homem sexuado). Com as irmãs, tem um relacionamento bom, mas, na adolescência, brigaram muito. Gritavam de maneira descontrolada e batiam-se. Eram relacionamentos tumultuados, e ela, sendo a mais nova, ficava muito desprotegida. Ninguém vinha contê-las, o que também causava bastante sofrimento e contribuía para o clima de brigas e falta de limites que havia na casa.

N. conta, no relato para o psicólogo do Sefam, que:

> Eles tinham muitos problemas particulares dentro das próprias famílias de origem. Na adolescência, ela, por exemplo, não sabia o que fazer com a vida, fumava maconha e bebia muito álcool. Ela já experimentou quase todas as drogas, mas hoje só continua fumando maconha. Durante a adolescência, muitas vezes ela chorava e ficava "depressiva". Ela se apaixonava por homens e corria atrás deles. Sempre tinha muitos interesses, mas não conseguia fazer uma coisa por muito tempo. A adolescência foi uma época perdida para ela.

> N. já procurou um psicólogo certa vez, mas sua mãe, que acredita na medicina alternativa, queria que ela procurasse outro psicólogo porque o terapeuta estava "muito do lado de N.". Com isso, ela acabou parando.

> Os pais dela brigavam muito. Ela diz que seu pai era alcoólatra e bebia bastante. Ela e as irmãs perguntavam sempre para a mãe por que ela não se separava de vez. Mas a mãe não se separava porque era financeiramente dependente do marido. Ela era uma pessoa muito ansiosa e descontrolada. (relato de N. nas primeiras sessões de N. e R. com o psicólogo do Sefam).

Nas sessões comigo, N. continua:

N.: – Somos quatro filhas. Eu sou a mais nova e tenho cinco anos de diferença com a mais próxima de mim e doze com a mais velha. Então eu era a protegida, minha mãe não queria que eu crescesse. Eu era a queridinha, a mais próxima da minha mãe. Até que cresci, comecei a beber muito, a não ficar em casa e a chegar de madrugada ou a não dormir a em casa. Comecei a ser vista como a largada, a ser criticada e a ficar distante de todos.

R. – É preciso contar também que o pai dela é alcoólatra.

N.: – Quem cuidava de mim era meu pai. Eu era grudada nele, e ele fazia tudo que eu queria. Até a idade de oito anos, meu pai fazia mingau para mim toda manhã. Ele acordava mais cedo e fazia. Até por volta dessa idade, eu usava mamadeira e chupeta. Eu não queria parar e meus pais não insistiam. Até que minha mãe tirou. Minha mãe falava para meu pai parar de fazer mingau, mas ele não queria, e ela não fazia, mas deixava que ele se ocupasse de mim. E eu era a companheira dele, passeava com ele, estávamos muito juntos.

Pergunto como era a questão da bebida para o pai, se ele já bebia na época.

N.: – Sim, ele sempre bebeu, mas isso não atrapalhava que ele trabalhasse e cuidasse de mim. Ele nunca bebeu em casa, nem ficou em bar. Ele passava nos bares, bebia e ia embora. Ele tem muita resistência à bebida, então não ficava bêbado. Agora, está mais velho, menos resistente, então fica pior. Mas ele e minha mãe continuam trabalhando.

L.: – No que seus pais trabalham?

N.: – Meu pai trabalha com produção e minha mãe é atriz.

N.: – Na adolescência, comecei a sair muito, fui me separando dele, e descobri uma coisa horrível, que depois descobri também em R.

Ela demora um pouco para contar, como se fosse algo realmente horrível.

N.: – Achei revistas pornográficas nas coisas do meu pai!

Ela toma isso como uma afronta e relata que, após o enorme afastamento da família na adolescência, hoje se relaciona com o pai, mas que nunca mais foi como antes.

Ao falar da família de mulheres dependentes químicas, Pablo Roig diz:

> Enquanto na família do homem o afastamento do pai deixa o filho à mercê das exigências maternas, transformando-o na droga da mãe, na família da mulher encontramos fenômenos diferentes. O pai mantém-se no lugar da figura onipotente, envaidecido e forte, à medida que tem a filha para continuar sua função de doador universal. Há uma mudança de lugares, deslocando a mãe para uma posição secundária e vertendo a atenção do pai em relação à filha, na perpetuação do primeiro pacto ilusório, isto é, da manutenção da figura idealizada paterna. Este pai envolvente exerce um fascínio e comanda as realizações familiares. Ele, dentro do clã, exerce sua virilidade, e sua força permanece reassegurada, tendo a filha mulher a incumbência de vitalizá-lo, glorificá-lo. A figura idealizada está presente, facilitando as fantasias edípicas adolescentes. (1999, p. 71)

Além disso, devido ao fato de a figura materna ficar distante e esvaziada, acontece o que Roig diz sobre a falta da figura materna, que não consegue se significar, ficando denegrida e sem nenhum atributo que possa atrair identificações:

> Na falta de uma identidade feminina, a menina procura uma saída através de atividades masculinas. Encontramos então uma exacerbação da sexualidade, relações afetivas indiscriminadas e inconsequentes, incluindo o uso de drogas como uma atuação de características masculinas. O fascínio pelo poder idealizado fáli-

co se equivale à utilização do álcool – droga como uma forma de continuar o legado masculino. Há uma identificação maciça com o poder do pai idealizado. O beber ou drogar-se significa poder não ser castrada, havendo um manejo onipotente sem limites da vida. A questão do confronto com a castração é rejeitada por não existir o conceito que unifica o ser com o ter. Se você tem, é, se não tem, não é. A filha procura então magicamente obter a posição fálica aderindo ao pai, ou à droga, e empurra e compete com a mãe denegrida internamente. A carga de destrutividade dirigida agora contra as representações parentais internalizadas é feita com a adicção. (1999, p. 72)

N. diz que queria ser homem. Na época das festas, bebidas e drogas, ela bebia tanto quanto os homens, e todos gostavam dela por isso. Ela não tinha nenhuma "frescura" de mulher, não se arrumava, *tomava todas*, usava todo tipo de droga, dormia em qualquer lugar e era companheira dos rapazes. Quando começou a se afastar de casa já foi assim: ia para os bares, ficava dias sem aparecer, sem tomar banho, e realmente usava tanta droga que nem percebia quantos dias havia passado, estava fora do ar. Só voltou quando engravidou. Então se aproximou da família, da mãe e das irmãs. Com o pai, nunca mais foi igual! (Pensei numa busca por uma identidade, ainda anterior à diferenciação entre uma identificação com as figuras paterna ou materna e, junto com isso, uma ruptura na sua relação e idealização do pai, dado que ela passou a perceber que seu pai era um homem como os outros e via revistas pornográficas; mas achei que não era, ainda, o momento para que tais temas e vivências pudessem ser elaboradas pela paciente. No meu entender, as questões que essa paciente tinha no que se refere à procura de uma identidade, eram anteriores ao que ocorre quando uma pessoa chega no complexo de Édipo e tem que se haver com as diferenças interpessoais em jogo, dado que ela, a meu ver, ainda não tinha chegado à integração ou *status* de ser uma pessoa inteira).

L.: – E como foi quando você engravidou? Como sua família lidou com isso?

N.: – Eu acho que queria engravidar por causa da relação com minha família, porque minhas irmãs (as duas mais velhas) estavam tendo filhos, e eu estava muito desacreditada. Quando engravidei, foi minha redenção com a família.

L.: – Redenção?

N.: – Sim, eu me aproximei muito delas de novo, da minha mãe, das minhas irmãs. Eu diminuí a bebida. Eu brigava o tempo todo com minha mãe, com minhas irmãs, e hoje melhorou.

Minha impressão é que a gravidez, para essa paciente, era considerada como aquilo que lhe daria o que sentia lhe faltar, enquanto identidade e enquanto dando-lhe um lugar no mundo, como se a gravidez, como algo externo adquirido, pudesse constituí-la como mulher, madura, apta a estar com outras mulheres, a ser como outras mulheres que ela considerava adultas etc. No entanto, eu via que ela procurava em algo externo aquilo que só um desenvolvimento e amadurecimento interno poderiam lhe fornecer.

Como é o relacionamento atual do casal no que se refere à relação emocional que têm um com o outro, bem como a relação familiar no cuidado com os filhos e com as famílias de cada um dos cônjuges

N. e R. se conheceram nas festas. N. transava com vários rapazes, e R. era um deles. Ela transava até mesmo com outro rapaz da mesma república de R. Ela diz que passou a sair só com os dois (com R. e com esse outro rapaz da república) e, depois, uns dois meses antes de engravidar, só com R. Ele diz que não saía com outras porque não tinha oportunidade, e acha que só assumiram um compromisso quando foram buscar o exame de gravidez. Ali, enquanto esperavam, decidiram namorar e ser monogâmicos. Eles têm visões diferentes sobre esse início. Ele acha que o compromisso se deu só ali, e ela acha que foi antes. Percebi que ela sonha com algo mais romântico do que consegue ter na realidade. Se, por um lado, não percebe o quanto magoa R. com a necessidade de sair com outros, por outro, usa isso para atingi-lo e chamar sua atenção.

Minha hipótese é a de que N. buscava nesses tantos rapazes com quem transava o apoio e a proteção que não conseguia encontrar em si. Ela usava o sexo para conseguir isso; como não conseguia, continuava buscando outro e mais outro. A sexualidade que ela aparentemente experimentava como genital-adulta, era na verdade apenas um meio para buscar preencher um vazio mais primitivo, um mecanismo de defesa contra uma angústia mais primitiva.

Após encontrar R. e engravidar, ela precisa encontrar esse apoio nele, mas, como não encontra, sente-se muito desestabilizada.

N. diz que, quando briga com R., fica muito triste e deprimida. Às vezes, até quer morrer. Não consegue se controlar e fica sem saber o que fazer. Quando era criança, não era tão ansiosa como agora. Jurou que nunca ia ter um relacionamento com desrespeito, mas acha que parece até uma maldição, pois acontece exatamente isso no relacionamento que tem com R. Ela diz que faria qualquer coisa para não ser do mesmo jeito que a mãe.

Nas sessões comigo, ela completa:

N.: – (...) ontem a gente estava bem e fui trabalhar, e aconteceu algo que queria contar para ele, para dividir. Eu estava na Paulista, indo pegar o metrô, e liguei e ele não quis falar, desligou, e eu senti como se abrisse um buraco na minha frente, queria chorar, não queria mais pegar o metrô, nem trabalhar...

N. chora, diz que sente mesmo um vazio muito grande, que não consegue ser feliz. Diz que tem percebido que precisará de uma terapia individual, pois sofre muito. Se R. não fala com ela, é como se um buraco gigante se abrisse à sua frente. Antes, realmente usava a bebida, as drogas, para amortecer isso, mas é algo que não a deixa feliz.

N. diz que antes era pior, que ficava mais destruída, agora já conseguiu se controlar, seguir em frente. Mas ainda se sente muito mal, lutando para não ficar destruída.

N.: – Eu queria que ele me ajudasse, que entendesse melhor isso, que não ficasse bravo. Se eu reclamo da sujeira, que ele me acalmasse, falasse "tudo bem, nós vamos limpar, calma". Que me abraçasse... Na outra casa em que a gente morava, era tudo sujo, e se eu reclamava, ele ia embora, saía do quarto sem falar nada. Ficava bravo e ia embora. Então, acho que ele não me ajuda.

R.: – Acho que sim. Sinto que o que faço nunca é suficiente.

Creio que ela precisava que ele a compreendesse e desse a ela tudo o que ela precisa, como ocorre com um bebê cuja mãe interpreta e fornece, adequadamente, tudo o que ele precisa. Por outro lado, ele também se ressentia por não poder fornecer isso a ela, considerando que isso era uma falha dele, sendo, pois, impulsionado para um sentimento de culpa, impotência e depressão, com um recolhimento, refúgio, no seu mundo próprio.

N.: – Mas eu já falei que retiro o que disse. Na hora, acontece aquilo que você falou [para mim], eu fico desesperada e falo coisas que não devia. Mas já pedi desculpas [para ele], já falei que quero resolver, quero que fiquemos bem. Eu também perguntei a você se queria resolver, e você disse que sim. Eu faço esforço para pensar que não é contra mim quando ele fica calado, distante, mas sei que é porque eu fiz algo de que ele não gostou. Então já fico desesperada e quero conversar e acabamos brigando. Eu não sei como agir. Se pelo menos você me falasse: "espera, depois conversamos"... Mas é silencio, silêncio. (Ela fala com muita tristeza, segurando o choro.)

R. – É porque ela quer mandar e parece que o que eu faço está errado. (R. fala de maneira bem ressentida.)

Quando fica muito desamparada na relação com R., apesar da promessa de monogamia, N. não aguenta e procura outros homens. Mas, curiosamente, ela deixa todos os *e-mails* que troca com outros para que R. leia, sempre "sem querer, sem saber como esqueceu".

R. reage de modo diferente: assim como fazia em sua família de origem (em que apanhava e se calava), ele fica extremamente magoado, cala-se, fecha-se, vai embora e não consegue falar. Se N. chora, ele se desespera e reage com violência, pois não consegue comunicar a ela a dor que sente.

O que eles têm em comum é que, assim como N. busca em alguém o apoio que não encontra em si, R. também procura e "gruda" nas filhas, que o recebem sempre de braços abertos e rejeitam N., seguindo o que ele sente.

R. também, na relação com as filhas, procurava atender a tudo o que elas queriam, da mesma maneira que sentia que precisava atender a tudo o que N. queria. As demandas das filhas eram, no entanto, mais passíveis de serem atendidas do que as de N., o que acabava gerando uma relação mais simbiotizada com as filhas, principalmente com a mais velha. Esse é um padrão familiar que N. viveu em sua casa quando também "grudava" em seu pai, que lhe satisfazia as vontades à revelia da mãe. Num e noutro caso, de N. e de R., há a repetição do padrão de procura de atendimento, sem limite, do que os filhos (o outro) precisam e desejam.

A falta de limites, a tarefa impossível de atender sempre ao que outro precisa, acaba por gerar, necessariamente, *desamparo*, dado que sempre ocorrerão dissonâncias no atendimento ao que o outro precisa.

Repetição dos padrões familiares

De um modo geral, parece que tanto R. quanto N. carecem de um solo familiar afetivo e seguro. Os modos como os pais cuidaram de suas crianças parece distante, como se houvesse outros problemas internos ou externos que chamassem mais sua atenção do que o cuidado com os filhos. É como se, vivendo essa falta de contato inicial, eles fossem jogados a uma falta imensa, à falta de sustentação, procurando, de forma desesperada, alguém em quem se agarrar, ao mesmo tempo em que não conseguiam ter uma relação de confiança com ninguém. Assim, sem se darem conta, N. e R. repetem alguns padrões familiares causadores de grande sofrimento. N. achava horrível os pais brigarem tanto e tem brigas terríveis com R. na frente das filhas. Ela achava sua mãe fraca por não se separar do pai e expor as filhas a tanto sofrimento e não consegue se separar de R., apesar de, às vezes, querer e criar situações que levam os dois a brigar ainda mais. Sua insegurança aparece também no relacionamento com as filhas, pois se sente rejeitada. Não consegue se colocar na posição de adulta e ver que as filhas são crianças. Ela se sente rejeitada e, quando briga com o marido e deixa as filhas com ele, que também é muito inseguro, repete uma situação que já viveu, a de sedução por meio das filhas. Com ele, as meninas podem tudo e ele também sente que pode tudo. Ambos repetem a situação que já viveram de falta de limites, brigas e falta de sustentação efetiva.

No relato deles, é possível apreender esses aspectos e verificar a ligação de R. com as filhas, excluindo N.:

N.: – E assim as meninas me rejeitam como fazem em casa quando R. chega. Mas lá sinto que não posso fazer nada.

N.: – Hoje minha filha mais velha não queria que eu a vestisse. Queria que fosse o pai. Eu falei que o papai estava tomando banho e eu iria vesti-la. Então ela faz escândalos, fica gritando que não quer que eu a vista, e R. vem e a veste.

N.: – Se ele está, elas me rejeitam. Não querem que eu faça nada. Antes era só a mais velha, agora são as duas. E então ele vem e pega elas, e eu não faço nada, porque elas não deixam.

Roig (1999, p. 71) diz que, nas mulheres adictas há, em geral, "uma relação de dependência mútua pai-filha fortemente incestuosa em que a esposa fica descartada". Podemos ver que essa relação de dependência mútua se repete na relação de N. com o pai e na de R. com as filhas, principalmente com a mais velha. Ele acrescenta que existe um contato erotizado entre pai e filha e que, para a filha, esse contato é de tal ordem que a droga seria como um sedativo para essa estimulação excessiva. Para Roig, nesses casos, há homens que são aparentemente bem sucedidos, mas também existe certo mistério em suas reais atividades. Do meu ponto de vista, isso se aplica ao caso do pai de N.: ele trabalha e sustenta a família, mas não fica claro o lugar que a bebida teria em suas vidas. O mesmo ocorre com R. Ele sustenta a família, mas está o tempo todo drogado, próximo e sedutor com as filhas e distante de N., não por uma escolha consciente, mas porque não consegue se apoiar em N. Com ela, não há a possibilidade de sustentação, assim, ele se apoia nas filhas, que estão sempre disponíveis para ele. Porém, a meu ver, sem a separação necessária ao desenvolvimento delas e devido à grande fragilidade dele, essa é uma aproximação sedutora e sem limites.

Roig (1999, p. 71) afirma que não existe o pai enquanto lei, porque ele desqualifica a mãe (mãe que, no caso de N., queria que ela parasse de usar chupeta, mamadeira e de tomar mingau, o que o pai ignora e faz do seu jeito; e como acontece com R. e as filhas, pois N. tenta, do seu jeito inseguro e frágil, colocar limites, enquanto R. quer sempre satisfazer as filhas, dizendo que isso acontece por ficar pouco com elas); assim, atribui-se à filha a posição fálica paterna e ela poderá transgredir através do uso de drogas e práticas marginais (como acontece com N. e também com R., que continua no mesmo padrão com as filhas). Diz Roig sobre esse tipo de fenômeno: "O pai é de certa forma um transgressor, e a filha fica sendo a droga do pai, assim como no homem a tentativa de resolução da melancolia da mãe é o filho" (1999, p. 72).

Podemos ver isso no relato de N. sobre R.:

> Na escola, o mal-estar se agravou, pois ele leva as duas no colo mais as duas mochilas. Ela diz que não precisa; as duas meninas sabem andar, a maior já tem quatro anos. Ele continua com as duas. A mais nova se solta dele e vai brincar. Com a mais velha é pior, pois, mesmo se ela vai brincar, ele vai atrás e se despede de novo. Então pega no colo de novo, e ela vai embora e ele pega de novo. Eles já chegam atrasados, não há mais nenhum pai na escola, e ele lá. Demora 20 minutos para se despedir. Nenhum pai faz isso. Eu fico envergonhada, mas, se falo, ele fica bravo e me trata mal ali mesmo, na frente das professoras. Ninguém nunca nos chamou para falar disso, mas eu não acho certo. Nem é bom para a filha.

> Nesse dia (hoje), como tínhamos horário para a terapia, eu o chamei, peguei na mão dele e disse "vamos". E ele tira a mão, se afasta, não responde e vai atrás da filha. Sempre faz isso. Ele me trata mal e vai atrás da filha. Principalmente com a mais velha, mas, às vezes, também com a mais nova. E ele não põe nenhum limite. Os pais dele também são assim, até piores. Outro dia a mãe dele estava machucada e as meninas pedindo para ir no colo, e ela, toda machucada, deixou.

Além disso, como já foi dito antes, N. relata que jurava que não iria ter um relacionamento com tantas brigas quanto sua mãe e seu pai tinham, e que até "parece uma maldição" que ela repita isso. Também há uma repetição no fato de sua mãe dizer que não se separava do pai por ele sustentar a família e hoje N. viver uma situação semelhante.

Dificuldade de separação eu/outro e o que atende ou não às necessidades existenciais de cada um deles na relação

N. e R. também têm dificuldades de se ver como duas pessoas diferentes, e isso lhes gera muita dificuldade e sofrimento:

N.: – Não é assim, você não entende o que eu falo. Você é um superpai, faz tudo, me ajuda com tudo. Minha mãe fala que nosso problema é que não dividimos as tarefas, nós dois fazemos tudo. R. só não amamentou, o resto sempre fez tudo. Se um ia trocar a fralda, o outro segurava, sempre fizemos tudo juntos. Desde que elas eram nenês, que falávamos que só faltava R. amamentar.

Contam que tiveram muita dificuldade com a primeira filha.

N.: – A primeira só dormia com a boca no peito, nós não dormíamos a noite toda, pois, se ela acordava, tinha que dar o peito de novo. Com a segunda já fizemos diferente. Deixávamos-na no berço, não ficava o tempo todo no colo ou no peito.

Creio que eles mesmos ainda não tinham (e não têm) bem clara a separação eu/outro, o que aparece na relação com a filha, que fica grudada no peito e segue crescendo muito exigente. Eles não puderam ajudá-la a se separar, a dormir sozinha, a ficar tranquila sozinha, ainda que na presença dos pais. Deixavam-na sempre no colo, no peito, sem saber o que fazer para acalmá-la, sustentá-la; faziam o que sabiam, ou seja, o modelo do não dar limites. A situação fica pesada para os dois, que estão sempre exaustos e sentindo-se excessivamente exigidos – ele principalmente sente que faz e refaz e nunca é suficiente.

Entendo que eles não tiveram, e não podem dar a suas filhas, aquilo que faltou no seu próprio processo de desenvolvimento: "o processo de maturação depende, para se tornar real na criança, e real nos momentos apropriados, de favorecimento ambiental suficientemente bom" (1963d, p. 91). Para Winnicott, quando a mãe é *suficientemente boa*, o desenvolvimento ocorre de forma adequada, e o bebê conquista a capacidade de estar só. Essa capacidade se baseia na experiência de estar só na presença de alguém e, sem essa experiência de sustentabilidade, a capacidade de ficar só não pode se desenvolver. Estar só na presença de alguém pode ocorrer em um estágio bem precoce, quando a imaturidade da criança é naturalmente compensada pelos cuidados maternos. Winnicott (1958g) considera que a capacidade de estar só depende, pois, de uma sustentação ambiental adequada e na qual o indivíduo se sente seguro:

> [...] a habilidade de estar realmente só tem sua base na experiência precoce de estar só na presença de alguém. Estar só na presença de alguém pode ocorrer em um estágio bem precoce, *quando a imaturidade do ego é naturalmente compensada pelo apoio do ego da mãe.* À medida que o tempo passa, o indivíduo introjeta o ego auxiliar da mãe e, dessa maneira, se torna capaz de ficar só sem o apoio frequente da mãe ou de um símbolo da mãe. (Winnicott, 1958g, p. 34)

À medida que o tempo passa, o indivíduo introjeta essa figura e, dessa maneira, torna-se capaz de ficar só sem o apoio da mãe ou de algum símbolo materno externo. Quando as coisas não vão bem, o bebê reage exigindo a presença física da mãe ou de alguém para se acalmar, ou então fica sem reação, perdendo as esperanças de que a mãe ou o seu substituto poderão vir a atender a suas necessidades (Winnicott, 1958g, p. 34).

Pode-se dizer que o ambiente que sustenta o indivíduo é incorporado no sentimento de segurança e confiança que o indivíduo tem em si mesmo e no mundo. A relação do indivíduo com esse ambiente interiorizado (interno, por assim dizer), junto com a confiança em relação à não intrusão do mundo, asseguram-lhe o sentimento de segurança em si e no outro, necessária para um viver relativamente autônomo, de modo que ele fica temporariamente capaz de se sentir seguro de si, mesmo na ausência de objetos ou estímulos externos. Maturidade e capacidade de estar só significam que o indivíduo teve oportunidade, por meio da maternidade suficientemente boa, de construir uma crença em um ambiente *suficientemente bom.*

N. e R. não podem passar para a filha o que não têm, ou seja, a crença em um ambiente suficientemente bom, confiável, estável e calmo; os dois diminuíram o uso de álcool e drogas, mas não diminuíram a agitação interna: continuam procurando fora de si o que não encontram dentro, ou seja, a calma proporcionada por um ambiente bom. Assim, brigam e se ocupam sem parar das filhas exigentes; recriando no exterior a agitação interna. Isso os deixa muito insatisfeitos, pois ambos estão sempre em busca de algo que não encontram, e ficam muito bravos, pois esperavam que o companheiro lhes desse aquilo de que precisavam, o que, no entanto, não é possível.

A meu ver, nessa busca de apoio, eles desenvolvem o que McDougall e Gurfinkel chamaram de *relacionamento adictivo*:

> No relacionamento adictivo, o outro, ao mesmo tempo em que é reconhecido como fora do controle mágico, precisa ser constantemente manipulado; fixa-se assim um estatuto intermediário entre ser uma criação própria do sujeito e ser dotado de uma existência independente. Ainda que aparentemente estejamos em um relacionamento "adulto", os parceiros não atingiram uma identificação estabilizadora derivada da introjeção das figuras parentais; como este processo ficou truncado, o outro é convocado como um objeto para compensar tal lacuna. O drama maior deriva da ineficácia dessa tentativa de cura, pois, como o objeto é transitório, ele nunca é de fato introjetado, e só se mantém no mundo exterior. As "doses" de objeto precisam ser assim constantemente renovadas. (2011, pp. 399-400)

R. sente que só trabalha para sustentá-las e que faz tudo o que N. quer, mas ela sempre reclama. Ele se sente desvalorizado, desprezado e sem lugar, como se ela achasse que tudo o que ele faz está errado e é insuficiente. Os dois estão sempre dando o melhor de si e exaustos, mas a situação não tem fim, é como a boca exigente da filha que está sempre querendo mamar. N. também está sempre cansada, sem paciência, sem saber o que fazer, então ela arruma a casa, põe regras, revelando uma necessidade de ordem e organização que não consegue encontrar. Assim, cobra isso dele. Além disso, quando não encontra nele o que procura, busca em outros homens. Eles se sentem muito exigidos e exigem igualmente um do outro. Parece que é realmente muito trabalho para eles, é o resultado de uma mudança que ocorreu de forma abrupta, sem tempo de elaboração. Continuam a aparecer neles as falhas da transicionalidade, pois não podem ainda prescindir daquilo que McDougall chama de *objeto transitório*, ou seja, aquele que não é transicional, não faz a passagem; eles precisam controlar um ao outro, precisam da maconha e às vezes ainda abusam do álcool.

> [...] em lugar do objeto transicional que falta, o Eu pode se ligar a um objeto transitório: uma droga ou um outro utilizado como droga. Este poderá ser chamado a preencher a função transicional e será destinado a proporcionar ao indivíduo o sentimento de ser real, vivo, válido: destinado, então, a preencher lacunas do eu, lacunas de sentido no que diz respeito à sua identidade e à sua maneira de pensar o mundo. (1992, p. 61)

Em decorrência desse tipo de dinâmica psicoafetiva, o indivíduo responsabiliza apenas o outro por tudo o que lhe ocorre. É nesse sentido que McDougall considerará esse outro, a quem o indivíduo responsabiliza dessa maneira, como um substituto do objeto transicional:

> É por isso que chamo este outro de substituto de objeto transicional, objeto a meio caminho entre a percepção do outro como totalmente criado pelo indivíduo e o outro reconhecido como tendo existência independente, atributos e desejos próprios. O objeto está fora do controle mágico, mas pode ser manipulado. (1992, p. 61).

Gurfinkel lembra que, no trabalho de Abraham, surge uma chave interpretativa inicial dos fenômenos adictivos, associada à fase oral do desenvolvimento. Creio que apontamentos desse tipo podem colocar em evidência a voracidade primitiva das relações adictivas. Diz Gurfinkel, referindo-se a Abraham:

> Abraham parte do estudo de casos de compulsão à comida, e em

seguida amplia suas conclusões para o alcoolismo e a toxicomania. O nível oral da libido tem como característica uma particular intolerância à frustração; como no caso de uma "criança mimada", "o comportamento dos pacientes desta espécie, que anseiam por comida em curtos intervalos de tempo, é extraordinariamente similar ao dos morfinômanos e de uma boa quantidade dos dipsomaníacos" (p. 66). Algumas características específicas da organização oral são exploradas por Abraham, e a relação delas com a adicção são pelo menos indicadas: a preponderância do autoerotismo e o apoio da sexualidade nas funções autoconservativas de nutrição, além da erogeneidade da zona oral. Ao lermos seu artigo sobre o caráter oral (Abraham, 1924), reconhecemos em sua descrição deste tipo de caráter certos traços típicos dos adictos: "Essas pessoas sempre parecem estar solicitando algo, seja sob a forma de um pedido modesto ou de uma exigência agressiva [...]. Quase que se poderia dizer que se "aferram como sanguessugas" às outras pessoas. Detestam particularmente ficar sozinhas, mesmo por pouco tempo. A impaciência é neles uma característica acentuada" (Abraham, 1924, p. 168). [...]. (Gurfinkel, 2007, pp. 15-16)

Essa necessidade do outro aparece mais claramente em N., que tem uma grande necessidade do apoio de R. Se ele por algum motivo não o pode dar, ela se sente caindo em um buraco profundo, sem conseguir ver como ele a apoia (do jeito dele e com as dificuldades que tem, ele faz o que acha que ajuda): ele assumiu as duas meninas, parou de estudar, foi trabalhar para sustentá-las, mudou de casa, ajuda em todos os cuidados etc. Ele reclama, mas apoia muito N., que, no entanto, sente esse apoio como algo tênue, precisando sempre de mais e mais. O que ela não encontra nele, vai buscar em outros homens, o que acaba magoando profundamente R., que não consegue dar limites e se sente explorado e submetido.

Toda essa situação é muito difícil para os dois. Ela precisa de apoio incondicional e, se não o tem, sofre. Ele quer dar o apoio de que ela precisa, mas, como não consegue, sofre, e um joga para o outro suas incapacidades e frustrações, como se toda a angústia gerada pela situação fosse culpa do outro.

Segundo Winnicott, uma "mãe suficientemente boa" experimenta o sentimento de se fundir com o seu bebê no curso de suas primeiras semanas de vida. Mas, se essa função persistir para além desse período, a interação corre o risco de se tornar persecutória e patológica para a criança.

Esse tipo de relação mãe-bebê afeta o desenvolvimento de fenômenos transicionais (atividades ou objetos) e há a tendência de instaurar na criança o temor de desenvolver seus próprios recursos psíquicos para atenuar suas tensões afetivas.

Para Winnicott, o desenvolvimento é pensado em termos da continuidade de ser: "A continuidade do ser significa saúde" (1988, p. 148). De acordo com ele, a sustentação ambiental, a adaptação do ambiente atendendo às necessidades da criança, garantem que a continuidade de ser não seja quebrada. Ao comentar a posição de Winnicott, diz Fulgencio:

> No início, o ambiente (a mãe-ambiente) precisa adaptar-se às necessidades do bebê para garantir a sua possibilidade de ser e continuar sendo, sem quebrar a linha da vida (Winnicott, 1987a, p. 79). Tudo aquilo que atrapalha e interrompe a continuidade de ser é causa de falta de saúde. Em outros termos, todo viver reativo corresponde a uma patologia do ser: "a alternativa a ser é reagir, e reagir interrompe o ser e o aniquila" (1960c, p. 47). Ser, aqui, tem um sentido muito específico, significa ser por si mesmo e não como algo que é projetado ou introjetado, puxado ou empurrado pelo ambiente. (2011, p. 95)

Todo o desenvolvimento do indivíduo implica um continuar a ser a partir de si mesmo. O psicossoma inicial prossegue ao longo de certa linha de desenvolvimento desde que esse continuar a ser não seja perturbado. O ambiente precisa ser suficientemente bom, ou seja, adaptar-se, na maior parte do tempo, ao atendimento das necessidades da criança em um período de tempo que é suportável para ela tolerar não ser atendida. No início, essa necessidade é absoluta.

O ambiente suficientemente bom é aquele que se adapta ativamente às necessidades do bebê recém-nascido. Um ambiente ruim é ruim porque, ao deixar de se adaptar, transforma-se numa intrusão à qual o bebê terá de reagir. Essa reação perturba a continuidade do seguir vivendo do bebê.

N. e R. não tiveram esse tipo de ambiente nem as condições para se desenvolver e confiar nesse ambiente. Na minha opinião, esse é o lugar que o tratamento precisa ser para eles.

Aspectos que caracterizaram o atendimento feito e o desenvolvimento do tratamento

No contato com esses pacientes, ocorreu-me de senti-los como afáveis, gerando a impressão de que são crianças precisando de proteção. Tais sentimentos, que caracterizamos como sentimentos contratransferenciais, ajudam a compreender o estado emocional desses pacientes, que pareciam movidos por um certo desespero, pela falta de apoio que vivem na vida e pela necessidade de terem em quem confiar para orientá-los.

Esse tipo de desamparo e tristeza também era acompanhado por uma dose significativa de agressividade entre eles, o que tornava o trabalho psicoterapêutico, por vezes, difícil de ser desenvolvido.

A relação que estabeleceram comigo, desde o início, foi a de pedir por uma mãe, por alguém que cuide, que dê suporte e os ajude a se cuidar.

A maneira que elegi para tratá-los foi a de acolhê-los, procurando ajudá-los a ter um ambiente de confiança em que pudessem se desenvolver, já que, desde o início, percebi que a necessidade principal dos dois era amadurecer e vi que eles não encontravam um ambiente suficientemente bom para isso.

Para esse objetivo, também preciso ajudá-los a se diferenciar, a separar o que é de um e o que é do outro, pois a mistura que fazem entre si provoca muita raiva e a atuação de um com o outro.

Ao caracterizar esse casal como "doce veneno", quis colocar em evidência o fato de que os dois parecem abandonados, precisando de carinho e atenção. Eles têm muita doçura, mas, junto com a doçura, vem uma grande violência. Tudo é em excesso. Eles se magoam de uma maneira que, para mim, parece cortante e extremamente dolorida.

Comigo isso talvez apareça de formas diferentes: com as faltas, os atrasos, as recusas em falar por parte de R. (são recusas realmente violentas, pois ele se fecha e não olha para ninguém; dava para entender que ele sentia dor quando fazia isto e dava para ver que ele estava sofrendo muito, então eu não me sentia agredida) e algumas falas de N., como quando disse que as mulheres casadas eram todas enganadas, não sabiam de nada e pensavam que os maridos gostavam delas. Segundo ela, é tudo mentira. Ela parecia falar com uma mágoa profunda, com raiva, como se eu não pudesse entender a profundidade da dor dela e querendo me levar a me sentir igualmente enganada. Entendi que a raiva dela era a raiva de ser mulher, de ainda não conseguir se sentir uma mulher inteira e de não compreender que eu não tivesse o mesmo sentimento. Não percebi de forma alguma essa situação como a de uma violência para mim, de algo que me fizesse me sentir mal ou fora de lugar.

Aparece muita tristeza e raiva entre eles, e isso é o mais difícil de lidar, pois tenho de ir com extremo cuidado, como se fossem criancinhas pequenas, ou eles não aguentam. Às vezes atendo algumas demandas que eles têm de como cuidar das filhas, mesmo sabendo que não são as orientações que resolverão as dificuldades deles.

Há algo bem importante que eles já mencionaram algumas vezes ao dizer que queriam continuar o tratamento comigo: "você não nos julga".

Posso entender que isso seja importante, pois eles querem muito me colocar no lugar de juiz. Como diz McDougall, ao falar de uma paciente no texto *O enredo adictivo*:

> Tudo que me é dado ver, como analista, é meu papel de juiz, no qual é necessário que eu constate o quão reais são seus dissabores; não se trata de fantasmas, a evidência lá se encontra. Essa encenação tem por objetivo, tanto na análise quanto na vida, demonstrar o quanto essa maldade se encontra do lado de fora. (McDougall, 1992, p. 57)

No entanto, ao relatar esse caso, McDougall está falando de uma paciente individual e, no caso do meu atendimento, é um casal no qual cada um acusa o outro, querendo que eu julgue qual dos dois é o culpado. Eles vivem se julgando e eu, apresentando-lhes algo diferente. E eles estão principalmente tendo a coragem e a disponibilidade de vir e tentar algo diferente.

> As vítimas da adição estão todas engajadas na luta contra as dependências universais próprias aos seres humanos, uma luta que compreende a ilusão de redescobrir o paraíso perdido da infância, a liberdade, a ausência de toda a responsabilidade e a noção de tempo. Algumas, contudo, aceitam em reconhecer que elas não puderam exprimir os seus terrores primitivos ou que elas recalcaram, em razão de fantasias pré-genitais violentas, recusando desta forma o essencial das relações humanas. Estas pessoas temem, às vezes, serem desintegradas por uma relação amorosa na qual o amor é assimilado à morte. Se esforçar para encontrar as palavras para comunicar e elaborar estes sentimentos é uma experiência inaugural para todos os indivíduos. (McDougall, 2001, pp. 35-36)

Fim do tratamento

Eles precisavam do atendimento e reconheciam esse fato. Mas, daí até conseguir vir, a história era outra. Isso ocorria porque brigavam muito e não conseguiam combinar a vinda ou então porque se atrasavam para levar as meninas à escola. As dificuldades de organizar o dia a dia atrapalhavam bastante. A vida deles era muito desorganizada e isso se refletia no atendimento. Era um atendimento gratuito e não sei como seria se fosse pago e eles tivessem de pagar caso faltassem. Talvez tivessem até desistido antes. Eles pararam de vir por várias vezes, mas, como eu sempre ligava e ia atrás, voltavam, vinham mais um pouco e, depois, faltavam de novo. Em um ano e meio de atendimento, eles compareceram a apenas dezesseis sessões. Desde o começo, liguei muitas vezes e escrevi muitos *e-mails*. O que houve é que eu acreditava que eles precisavam de ajuda para vir, e eu gostava de atendê-los e achava que era muito indicado que eles fizessem terapia. Eu me preocupava com eles e com as filhas deles. Achava que, por todos eles, seria muito bom se tivessem ajuda. Mas, mesmo com muita insistência, infelizmente eles interromperam o tratamento.

O que seria necessário para o desenvolvimento desse tratamento? Principalmente, esse casal, cada um à sua maneira, precisaria ter durante um longo período de tempo uma sustentação ambiental afetiva, consistente e constante. Para que isso pudesse ter ocorrido, teria sido necessária uma série de condições, dentre elas a própria constância das sessões em número e frequência significativas. No trabalho com esse casal essas condições não estiveram presentes, dada a irregularidade com que vinham às sessões, somada às instabilidades pessoais e familiares que os desorganizavam e geravam sentimentos confusos de desesperança.

Acho que, nesse caso, a possibilidade de o tratamento ser longo era pequena, principalmente pelo fato de eles terem uma vida extremamente confusa. Eles chegaram como um casal solicitando ajuda, e o atendimento inicial precisava cuidar, em primeiro lugar, dessa situação na qual o conjunto de projeções, identificações e culpabilizações mútuas não possibilitava que enxergassem a si mesmos nem ao outro. Havia um percurso importante de desenvolvimento psicoterápico até que eles pudessem sair desse tipo de confusão e identificassem alguns problemas em si mesmos e não como advindos do que o outro faz ou não faz. Este seria um dos objetivos do primeiro momento do tratamentos desse relacionamento adictivo, ao qual deveria se seguir, caso as condições internas e externas tornassem possível, que cada deles pudesse ser encaminhado para uma terapia individual, concomitante ao desenvolvimento da terapia de casal.

Aspectos gerais da gênese do impulso para relacionamentos adictivos

No que se refere a N., desde o início a mãe não pôde lhe dar muita atenção, pois estava envolvida nas brigas com o pai e talvez com a criação das outras filhas. O modelo da mãe é o de um relacionamento adictivo que, por mais que a filha não quisesse de nenhum jeito repetir, foi o que ela apreendeu. O pai, sempre sedutor, fazia tudo o que ela queria, mas sem realmente olhar as necessidades da filha. Isso completava o quadro que a deixava largada e sem limites. Na casa, havia um clima de muita briga, o que ela também repete. Ela era a filha caçula, que ninguém queria que crescesse, que fica sem referências e vai tentando crescer de maneira desajeitada: usa drogas, fica grávida etc. Não vejo o caso de N. como o de uma personalidade antissocial, mas vejo sua adicção como forma de aplacar angústias muito precoces, severas ou mesmo psicóticas (segundo a classificação de McDougall), das quais ela procura se afastar desesperadamente, dado que não tem, dentro de si, nem um pai nem uma mãe asseguradores, mas pais persecutórios e simbióticos. Ante esse tipo de angústia, ela procura, como que em uma compulsão à repetição, a situação de sustentação ambiental (e de segurança) que poderia ter sido vivida na relação inicial de dependência da mãe-ambiente, relação, aliás, que parece nunca ter sido vivida, mas que N. é impulsionada a buscar no relacionamento com R.

No que se refere a R., tal como N., ele também aparenta ter angústias muito profundas. Também é difícil dizer se são angústias severas ou psicóticas, mas o que pude ver é que são angústias profundas. Sua família, apesar de aparentemente amorosa, tem uma dificuldade enorme com a questão da continência (sustentação do outro) e dos limites. Ele se sente profundamente largado, abandonado, sem proteção, sem bordas, sem limites, sem o contorno ambiental que poderia lhe servir de sustentação existencial, e isso que lhe causa angústias imensas. Os pais ficavam extremamente ligados ao trabalho e não podiam olhar para os filhos. O mais velho talvez descarregasse sua angústia e frustração em R., que ficava muito exposto a violência e sentindo uma dor transformada em raiva com relação à mãe, dado que ela não o protegia daquela situação. A própria atitude de beber adveio como uma maneira de fazer que a mãe o percebesse e o protegesse; mas, mesmo com cirrose aos 17 anos, isso não foi suficiente para a mãe se dirigir a ele e enxergá-lo. Na continuidade de seu sintoma adicto, talvez ele tenha perdido a esperança, e a adicção tornou-se uma maneira de se sentir abraçado pelas sensações corporais que a droga poderia fornecer.

Na vida conjugal, N. procura em R. e em outros homens a sustentação que não encontra dentro de si. Com R., ela consegue algum tipo de equilíbrio, ainda que precário. R. procura nas drogas e em N. alguma possibilidade de se sentir bem, útil, redimido e de não ser mais um caso perdido; enfim, ele quer sentir-se alguém, projetando no seu cuidado com N. e as filhas o cuidado ambiental que não teve, tentando nessa projeção talvez reviver ou consertar seu próprio desamparo. Como ela se queixa demais, ele se sente cada vez pior e eles brigam muito: nenhum dos dois encontrou a solução esperada para suas angústias, ainda que, em um momento ou outro, quando um e outro sentem ter encontrado a proteção e sustentação ambiental que lhes faltou na primeira infância, haja ocasiões de conforto e a possibilidade de estarem juntos, o que gera algum equilíbrio na relação conjugal e em cada um deles.

4.2.2. Exemplos de relacionamentos adictivos: aspectos patológicos e saudáveis desse tipo de procura de solução existencial

Nesta parte do estudo de casos clínicos, comentarei alguns exemplos de relacionamentos aditivos encontrados na minha clínica. Não me referirei, no entanto, a casos específicos, mas ao agrupamento do que encontrei como semelhante em diversos casos, destacando algumas dinâmicas ou modos de viver esse sintoma, que ajudam a ter uma compreensão mais ampla de como alguns pacientes podem ser impulsionados aos relacionamentos adictivos.

A meu ver, os relacionamentos adictivos são, como todo sintoma, uma tentativa de resolução de um conflito ou de uma situação traumática. Esta gera sofrimento aos indivíduos e, na maioria dos casos, os relacionamentos adictivos se mostram como uma solução fracassada para um problema do indivíduo; porém, em alguns casos, quando já há um amadurecimento, podem fornecer a sustentação ambiental que torna possível ao indivíduo cuidar de suas angústias. Os relacionamentos adictivos também podem trazer possibilidades de soluções saudáveis para atender a traumas e falhas ambientais, diferenciando-se das formas patológicas não tanto por sua natureza, mas por sua intensidade ou rigidez. Em todos os casos, os sintomas são tentativas de cura ou de cuidado de angústias: de relacionamento com o outro (neuróticas), de ser (psicóticas) ou de existir como real no relacionamento com os outros (depressivas). Creio que os adictos e os que sofrem de relacionamentos adictivos também procuram nesses sintomas a solução para suas angústias, mais próximas aos modos de ser psicótico e depressivo.

Os exemplos que abordarei são: a) o casal adicto que briga muito (talvez a forma mais comum de reconhecermos os relacionamentos adictivos); b) o casal que tem nos filhos a sua droga; c) o indivíduo adicto à conquista; d) o indivíduo que precisa estar casado (mesmo não estando); e) o indivíduo que não pode estar casado, mesmo precisando; f) o casal que inicia a procura de tratamento, mas não consegue chegar até o consultório; e g) o relacionamento adictivo como ambiente suficientemente bom que leva ao amadurecimento.

a) Casais adictos à vida conjugal centrada em brigas

Há casais que vivem a vida conjugal como uma situação de briga e insatisfação constantes. Eles estão sempre se agredindo e parece sempre haver uma grande excitação no relacionamento. A união adictiva ocorre por meio da briga e da completa insatisfação mútua, mas esse contexto não leva à ruptura, dado que eles precisam da situação de união. O centro da preocupação do relacionamento adictivo é a reclamação ou o ataque ao outro, pois o outro não é como "deveria ser". Diz Caratozzollo nesse sentido:

> Um observador leigo pode concluir facilmente que este casal se escolheu erroneamente e que estão pagando as consequências de seu erro. Mas o amor não é cego e os casais que se relacionam violentamente não se equivocaram. O que acontece é que, em um grande número de casos, a escolha se estabeleceu com base em uma contradição entre dois sistemas: enquanto o sistema consciente aspira certo ideal de casal, o [sistema] inconsciente está comprometido com esse outro tipo de vínculo [em conflito]. Desse modo, se instala um conflito – como em tantos outros aspectos da vida psíquica – que resultará em algo que considera a força relativa de ambas as tendências. (1996, p. 106)

Caratozzolo aponta, então, a existência de um conflito entre o vínculo amoroso e o violento. No amor, há respeito pelo companheiro, pela relação e pelos seus interesses, suas inquietudes, seu trabalho, suas amizades e seus distanciamentos – "aquele que ama permite ao objeto de seu amor seu pleno desenvolvimento em liberdade; sua conduta em relação ao outro está orientada para que ele possa desenvolver as suas potencialidades"; contudo, no vínculo violento, há o domínio do ciúme e da possessividade – "no lugar da liberdade, submetimento e escravidão; o amor é desalojado para dar lugar ao controle e à violência [tanto física como psíquica, tal como o desprezo, a desvalorização, o denegrimento, a mentira, o enganar etc.]"(p. 106).

No vínculo violento, os membros do casal não podem suportar as individualidades e procuram a todo custo eliminar qualquer vestígio de vida própria, visando um tipo de fusão *em um só*. Ao buscar quais seriam as fontes disso, as angústias de origem que levariam a tais vínculos, Caratozzollo identifica o problema nas fases mais primitivas do desenvolvimento, na relação básica com a mãe e o seio materno. A violência advém, pois, da tentativa do indivíduo de se livrar de seus sentimentos de solidão e da dor originada de suas lutas não elaboradas, relativas à perda do seio materno, à perda da infância e do sentimento de completude que haveria em um primeiro início na relação com a mãe: "o indivíduo sonha, sem descanso, com a busca de uma perfeição ilusória que jamais pode ser alcançada" (p. 107). Nessa tentativa que acaba se impondo como uma meta única para a solução de uma dor tão intensa, o indivíduo é intransigente e está lutando por sua sobrevivência psíquica, de modo que a violência sobre o outro é um caminho necessário para atingir seu objetivo:

> Se a finalidade é ocupar o espaço mental do outro, a violência constitui a ferramenta privilegiada para alcançar esse objetivo: penetrar no outro, invadi-lo, expulsar aquilo que é exclusivo dele[...]. Assim como a mãe, fusionada com o feto, o "leva para todo lugar", o partícipe de um casal violento busca esse estado indiferenciado pré-natal, de unidade, na tentativa de restituir esse estado primário, o reencontro com a morada pré-natal, essa antiga perfeição narcísica. (Caratozzolo, 1996, pp. 107-108)

Cabe notar que frases como "não posso viver sem ela/ele", "com tudo que lhe dou ele(a) não precisa de mais nada", "prefiro morrer que perdê-lo(la)", "vivo para ele(a)" mostram o tipo de vínculo no qual se reproduz a tentativa de dependência máxima, dependência que remete às origens. Ao concluir sua análise, Caratozzolo sintetiza qual é o objetivo do casal violento:

> Ser tudo para o outro, fechar as janelas do mundo, converter-se e converter o outro em parte de uma mesma unidade com a intenção de regressar à Terra Prometida, ao Paraíso perdido, onde todas as necessidades eram satisfeitas automaticamente e não existiam ameaças do mundo externo. Ou, ainda, o regresso ao momento que se segue [ao momento inicial]: completar o universo dos pais, reinado de onipotência e plenitude. (p. 109)

Nesses casos em que a relação conjugal parece ser sustentada e vivida em função das brigas, creio que esse comportamento pode, assim, desempenhar dois grandes papéis:

1. É um tipo de excitação a partir da qual os dois sentem que algo se integra neles, como se o ódio em relação ao outro pudesse servir como forma de integrar o indivíduo nele mesmo. Nesse sentido, é importante lembrar uma citação de Winnicott, considerando que a integração de si mesmo pode advir de duas direções ou fontes: uma externa e outra interna. A externa diz respeito aos cuidados ambientais adequados, que não empurram nem puxam o indivíduo, atendendo-lhe as necessidades e dando-lhe a possibilidade de seguir sua vida a partir de si mesmo; a outra, interna, está relacionada a excitações corporais intensas que, por percorrerem e tomarem conta de todo o indivíduo, fornecem-lhe a noção ou experiência de unidade. Diz Winnicott nesse sentido: "A tendência a integrar-se é ajudada por dois conjuntos de experiências: a técnica pela qual alguém mantém a criança aquecida, segura-a e dá-lhe banho, balança-a e a chama pelo nome, e também as agudas experiências instintivas que tendem a aglutinar a personalidade a partir de dentro" (1945d, p. 224).

2. A briga advém da impossibilidade de reconhecimento do outro e daí sua constante insistência em fazer do outro aquilo que se espera que ele seja. Por outro lado, são pessoas que também sentem a impossibilidade de ficarem sós. Nesse sentido, elas mantêm a vida conjugal em um constante tentar fazer o outro como eles desejam que seja, uma missão impossível e fadada ao fracasso.

Os casos apresentados a seguir foram construídos a partir de dados amalgamados de diversos pacientes com sintomas semelhantes, o que acabou por modificar significativamente as histórias iniciais, mantendo, no entanto, a sua estrutura. Esses casos podem mostrar tanto as dinâmicas dos casais em relacionamentos adictivos como a dinâmica do tratamento.

Assim, apresentarei três casos centrados na situação da briga como fator constante que permeia toda a vida do casal. Parece haver uma incidência significativa desse tipo de situação, ao menos na minha prática, o que me fez recolher um material clínico mais extenso para delinear esses três casos clínicos. No primeiro deles, ocupo-me de casais que estão reduzidos à relação de confronto mútuo (Casal 1); no segundo, há uma preocupação com as aparências, fazendo que, mesmo no clima de desconforto e desencontro, os dois procurem se "mostrar" bem para a sociedade (Casal 2); e, no terceiro caso, abordo casais cuja situação de desamparo fica evidente (Casal 3).

Nesses três tipos de casos, optei por organizá-los sempre da mesma maneira, apresentando:

1. Os aspectos gerais da situação do casal no início do atendimento, caracterizando o motivo que os levou à procura de atendimento psicoterápico;

2. Uma caracterização geral da adicção vivida pelo casal;

3. Uma indicação dos aspectos gerais da história pessoal e familiar de cada um dos cônjuges;

4. Uma indicação dos aspectos gerais da história e da dinâmica da vida conjugal, com ênfase na questão da adicção;

5. O desenvolvimento do tratamento psicoterápico.

Exemplo 1 (briga). Luta desencontrada

Há casais em que a situação de discussão, violência e ataque ao outro parece ocupar a totalidade da vida conjugal, um cenário no qual o desencontro e a violência reinam.

Aspectos gerais da situação do casal no início do atendimento, caracterizando o motivo que os levou à procura de atendimento psicoterápico

Um casal me procura com a seguinte demanda explícita: não conseguimos ficar juntos nem separados!

O casal chega praticamente sem falar um com o outro e mal se olham. Eles se sentam: ele na cadeira mais confortável, ela, na cadeira ao lado, posições que mantêm em todos os atendimentos. Ele é quem começa a falar. Conta primeiro a profissão de cada um: ele é sociólogo, dá aulas em universidades e consultorias em ONGs e empresas particulares; ela é assistente social, muito ligada a movimentos sociais e não ganha muito. Os dois têm trabalhos ligados à luta por direitos sociais, o que me chama atenção pela dificuldade que têm de cuidar de si e do parceiro. Pregam tanto os cuidados com o próximo e descuidam tanto de si e do outro. São os "curadores feridos".

Ele (G., 53 anos) e ela (B., 57 anos) se conhecem há muitos anos, já compartilharam muitas drogas e bebidas, já namoraram e romperam diversas vezes, têm grandes mágoas um do outro. Às vezes, ficam anos sem se encontrar, reencontram-se e recomeçam a se relacionar. É como uma droga mesmo: ao se reencontrarem, volta a fissura e eles voltam a se ver, carregando todas as suas mágoas.

Ele diz que buscaram ajuda porque brigam muito, e talvez precisem de ajuda, mesmo que seja para se separar de uma vez. Agora mesmo já estão brigados.

Vi que o clima estava tenso e fui tentando ver como seguia e se haveria espaço de conversa. Pergunto como se conheceram. Eles não se lembram direito, pois foram muitos encontros e reencontros, mas dizem que foi em alguma festa ou bar que frequentavam e frequentam. Logo colaram um no outro, mas em pouco tempo já viram que não dava certo. Começaram logo as brigas muito violentas, inclusive fisicamente violentas: ele já a feriu e ela já o feriu seriamente; ambos já tiveram de ser internados em hospitais devido à violência das brigas; ela já perdeu um bebê, mas não ficou clara a influência da briga nisso. Já iniciam o relato das brigas com um acusando o outro: ele falando mal dela e ela falando mal dele. E assim começa a dinâmica que segue nas sessões, nas quais ele só se queixa dela e ela só se queixa dele. E com acusações extremamente pesadas.

No começo, ele falava coisas mais pesadas, detonando-a. Parecia que ela era a pior mulher do mundo: ele falava que era feia, gorda, velha, que ele era o único que ainda tinha algum interesse nela. A partir disso, eu pensava: "o que esta mulher faz com um homem destes, que a trata tão mal?". Mas, após algumas sessões, apareceu o lado dela, pesadíssimo, acusando-o, por exemplo, da morte do irmão e da perda de um bebê deles por causa das brigas, o que ele nega e tenta conversar, mas ela não escuta nenhuma demanda dele, nenhuma proposta de discussão, é só acusação.

Ele foi se acalmando, melhorando, tentando se cuidar durante as sessões, e ela foi ficando mais acusativa e brava.

Caracterização geral da adicção

Ele já foi adicto a crack (parou há dez anos, fazendo um tratamento que levou a sério, tratamento este que ela odeia e ataca, pois não é nos moldes em que ela acredita; mas o fato é que ele parou totalmente de usar drogas). Ela já usou crack, parou com outro tratamento, do qual não falou muito, mas que acha bem melhor. Porém, segue bebendo muito, todos os dias, e alguns dias fica bem abalada devido à bebida.

Quando eles usavam crack, ficavam muito agressivos e tiveram várias brigas físicas feias, foram parar no hospital mais de uma vez e ela guarda intenso ressentimento disso. A questão da perda do bebê é algo que parece muito triste, muito mal elaborado, mas que, em vez de aparecer na forma de tristeza, aparece como briga, raiva; é difícil podermos falar sobre o tema. Ele diz que, depois de parar de se drogar, eles nunca mais tiveram brigas físicas tão violentas, mas é algo que ela não consegue esquecer. Ela o culpa demais, não se implica nunca, como se ele fosse o culpado de tudo.

Em todas as sessões, ela se lembrava disso e, no começo, considerei que era algo traumático, que ela precisava elaborar, até para continuar a relação. Depois, percebi que também havia uma necessidade de denegri-lo, inclusive para mim.

Aspectos gerais da história pessoal e familiar de cada um dos cônjuges

Ela: segunda filha, tendo nascido após os pais terem perdido outro filho. Refere-se aos pais como estando deprimidos, quando ela era pequena. Assim, ao mesmo tempo em que tinha muita atenção – não sei a qualidade desta –, parece que algo fundamental lhe faltava e que talvez esteja todo o tempo buscando (e repetindo o não encontrar). Ela briga demais com os pais, mas não consegue se separar deles. Enquanto o irmão mais velho se casou e foi viver em outro país, ela só saiu de casa em curtos períodos, quando foi viver com G. Os pais são idosos, a mãe é bem doente, mas, mesmo assim, ela os trata muito mal (segundo ele, ela não fala muito sobre isso, então, apesar de ser tema nas sessões, só tenho a versão dele).

Ela tem uma vida bastante ligada ao trabalho, mas ganha pouco, pois seu maior envolvimento é com as lutas sociais, movimento dos sem-teto e sem-terra. Isso é um enorme motivo de briga entre eles, pois ela fica muito fora; às vezes marca algo e, na última hora, ela tem alguma luta social e não vai.

Ele: seu pai abandonou a família quando ele era pequeno, deixando-os com a mãe, muito desequilibrada, que desde essa época já ameaçava se suicidar. Depois, a mãe morreu e ele, já entrando na adolescência, e o irmão (mais novo) foram viver com a avó paterna, muito idosa. Estavam, os dois, num ambiente sem cuidados, sem atenção e sem limites. O irmão acabou adoecendo e faleceu, sem que ficasse muito claro o que ocorreu. Ele, com aproximadamente 16 anos, passou a usar drogas. Apesar disso, tem um bom desenvolvimento educacional e se destaca na área das ciências sociais e políticas, inclusive dando aulas em universidades no Brasil e fora do país.

Ele tem três filhas, uma de cada relacionamento. Duas já têm filhos, e também têm dificuldades de manter relacionamentos. Hoje, ele sofre por vê-las sofrer com isso. Ele, segundo ela, tem péssimos relacionamentos com as mães das filhas, inclusive com brigas judiciais. Das filhas, ele ficou afastado, devido aos seus problemas com drogas e excesso de trabalho, e agora tenta se reaproximar, assim como dos netos. Ela o acusa de ser um péssimo pai e de não se cuidar para não ter filhos; fala que ainda bem que não tiveram filhos juntos, mas não sei se é bem assim.

Aspectos gerais da história e dinâmica da vida conjugal, com ênfase na questão da adicção

Desde a primeira sessão, foi muito pesado o clima entre eles. Quase todas as vezes, eles chegaram e não estavam se falando, pois já haviam tido alguma briga bem violenta na semana.

Tudo era motivo para briga, desde a escolha de um restaurante, um programa, uma viagem, até lembranças do passado. E as acusações eram muito pesadas. Ela o acusava pela morte do irmão, por descuido (diz que ele só usava drogas, nem viu o irmão adoecendo), e pela perda do bebê no início da gestação dela. Até posso entender que ela o idealiza e o vê como um perseguidor, ativando fortemente mecanismos paranoicos, mas, na hora, é muito dolorido. Eu tinha de cuidar muito da sessão ali, pois não podia deixar que se agredissem; ia mostrando o que se passava, mas era muito difícil e muito violento. Eu acreditava que a terapia de casal duraria um tempo e eles precisariam de terapias individuais, pois os conteúdos ali eram pesados demais e, vindo uma vez por semana, e eu tendo pouquíssimo espaço para falar, era dificílimo elaborar.

Ela o acusa de paquerar e transar com várias amigas dela, de tratar mal os amigos dela; em todas as reuniões de amigos sempre ficava um clima desagradável. Ele não parece tolerar muita concorrência nessa área, então se coloca em várias discussões em que tem de "ganhar".

Ele tem um comportamento bem promíscuo, sai com muitas mulheres, com muitas prostitutas. Antes, na época do crack, era pior, mas continua saindo. E como ela viaja muito, ele diz: "ela sai, viaja e eu não vou ficar sozinho". Era algo chocante a falta de capacidade de ficar só: se ela ia trabalhar, ele precisava de outra, pois não podia ficar só, aguardá-la. Eles já fizeram juntos várias orgias, saídas com outras mulheres, e isso, hoje, parece ter ficado como uma mágoa para ela. Ela tolera que ele saia com outras, mas depois vem muita raiva. Ele diz que ela tolera que ele saia com outras, pois só se interessa pelo dinheiro dele.

Ela retruca que ele muitas vezes oferece viagens, programas, coisas para ela e para sua casa, e depois brigam, e joga na cara qualquer tipo de gasto que tenha com ela. Então ele usa o dinheiro para dominar, oferece desde que tudo corra do jeito dele.

A questão financeira aparece bastante e é motivo de brigas. Ele acha um absurdo ela trabalhar tanto e ganhar tão pouco e só poder fazer as coisas que ele oferece. Ele fica bravo, mas nem ele consegue não oferecer, nem ela consegue não aceitar. Ele compra coisas para ela, depois cobra, e é assim com tudo na relação deles.

Minha sensação com eles oscila; procuro estar muito atenta para compreendê-los, mas às vezes é difícil não sentir raiva de um ou de outro pelo jeito como se tratam. Procuro apontar para eles a raiva que gera ser tratado(a) dessa maneira, que um fica muito bravo com o outro, que os espaços para a conversa e para a escuta vão se fechando e só fica a raiva. Procurava abrir espaço para a dor que eles sentiam, que tudo isso os deixava mais solitários, tristes e doloridos, mas a raiva estava acima da dor, e era muito difícil conseguir chegar a ela. Ele parecia ter escutado mais, acalmou-se, parecia querer escutá-la mais, porém tudo era muito instável, podia estar assim numa sessão, não na outra... Eu tinha que sempre "pisar em ovos", pois eles eram muito sensíveis.

O desenvolvimento do tratamento

O tratamento começou com uma intensa discussão, que durou algumas sessões, sobre como iriam pagar o tratamento. Eles não conseguiam chegar a um acordo, o que já indicava a intensa falta de comunicação e de possibilidade de chegar a acordos que existe entre eles. Eu tentava ajudar, mas tinha que ir com muito cuidado: ela tinha muito medo que eu o favorecesse, como se ele pudesse me seduzir, como fez com as amigas dela. Eu tentei abordar isso e mostrar que ali era um lugar diferente dos bares etc., mas sinto que não foi suficiente e que ela não estava podendo confiar. Ele também não confiava, ficava atento a qualquer deslize, parecia sempre estar com o pé na porta para ir embora, tanto comigo quanto com ela. Ela dizia que era porque ele podia usar o que ela falava ali; ele dizia que ela também podia usar; enfim, eu mesma achei que era melhor que cada um tentasse fazer uma terapia individual, pois ali havia um excesso de desconfiança que talvez fosse melhor tratar primeiro individualmente.

Os dois tinham histórias de vida extremamente sofridas, já são mais velhos, com comportamentos que se repetem há muitos anos. Por mais que sofram, não é fácil conseguir se aproximar deles.

Era muito difícil atendê-los. Havia um clima extremamente pesado, uma grande dificuldade de um escutar o outro e de me escutar. Eu percebia temas a serem trabalhados, mas conseguia falar pouco, sentia-me engessada olhando aquelas brigas, nas quais não se abriam espaços de escuta, inclusive para escutarem as próprias dores, que deviam ser muito profundas.

No fim, considerei que eles estavam tão regredidos que a terapia de casal não iria funcionar antes de eles se trabalharem um pouco. Os dois decidiram ir buscar terapia individual, e eu não soube mais deles.

Exemplo 2 (Briga). Triste sorriso nas fotos

Há pessoas que, mesmo vivendo numa situação de tensão e enfrentamento constante, parecem se preocupar intensamente com como é, ou deveria ser, a sua imagem para os outros. Parecem, pois, importar-se muito mais com o que os outros pensam do que olhar realmente o que se passa com cada um. Parecem preocupados em aparecer bem nas fotos, mesmo que, atrás das fachadas, os sorrisos sejam tristes.

Aspectos gerais da situação da pessoa no início do atendimento, caracterizando o motivo que levou à procura de atendimento psicoterápico

Recebi no meu consultório uma moça de 28 anos, fisioterapeuta, que se descreveu num namoro (há um ano) extremamente conturbado, cheio de brigas e violência. Foi encaminhada por uma colega que sabia que eu estudava o tema dos relacionamentos adictivos. No trabalho, tudo ia caminhando razoavelmente bem: além de estar em um hospital, fazia atendimentos particulares em residências. Trabalhava muito e reclamava de ganhar mal, mas era jovem e estava no começo da carreira. Por um lado, sabia disso e que podia ir adquirindo experiência e tendo rendimentos maiores. Por outro lado, revoltava-se e sentia-se diminuída, sem esperanças. Ela oscilava entre sentir-se muito e sentir-se pouco. Era muito competitiva: competia com as amigas, comigo ("como eu podia cobrar mais do que ela ganhava"). Tudo tinha que ser conversado com muito cuidado, senão já vinha uma tensão enorme, que devia ser o que acontecia na relação com o namorado, na qual tudo se transformava em briga. Veio buscar ajuda por estar sofrendo demais com esse relacionamento. Mas chegou muito desconfiada e, durante todo o tempo de trabalho (cerca de três anos), assim permaneceu.

Caracterização geral da adicção

Sua adicção era ao relacionamento. Ela vinha de uma família muito repressora, havia começado a beber pouco tempo antes – só socialmente – e não usava outras drogas. O namorado bebia socialmente e, até onde ela sabia, também não usava outras drogas. O relacionamento deles era, a meu ver, um relacionamento adictivo, pois era uma relação extremamente competitiva, destrutiva e na qual um tinha que controlar o outro o tempo todo. Era, mais que tudo, um sofrimento que não conseguiam mudar. Eles não podiam ter redes sociais, a não ser que fosse juntos; se algum dos dois falasse ao telefone com alguém, teria de avisar ao outro. Se algum amigo ou amiga telefonasse, ou se encontrasse alguém por acaso, era motivo de briga. Tinham de telefonar na hora em que chegassem a algum lugar e assim que chegassem em casa. Se demorassem um pouco para chegar em casa ou não atendessem o celular, havia briga na certa. Era uma tensão constante, um medo de encontrar alguém ou de receber algum telefonema... Era difícil saírem, pois seria motivo de briga, mas, quando saíam, brigavam feio. Se saíam só os dois, ela relatava ter de olhar para o chão ou para a parede, e mesmo assim ele poderia achar que ela estava olhando para alguém e brigar; mesmo numa viagem de turismo, ela não podia olhar para o guia. Ocorriam brigas terríveis no trânsito, eles se batiam, dirigiam a mil por hora, não se importando com os riscos que corriam. Os dois viviam machucados e tinham de esconder os ferimentos em casa e no trabalho. Aconteceu, inclusive, de terem de ir ao hospital, com machucados mais feios, e dizerem que haviam caído. Além disso, ela comumente ficava no carro, à noite, na frente da casa dele, até que ele entrasse em casa, caso estivesse na faculdade ou fora de casa, o que também, em São Paulo, é um risco grande. Ela vinha às sessões para contar o que acontecia, era difícil falarmos de outra coisa. Só aos pouquinhos pude, por exemplo, saber mais de sua vida familiar.

Aspectos gerais da história pessoal e familiar do indivíduo

Ela era a caçula e tinha uma irmã mais velha. As duas tinham a mesma profissão e se ajudavam e competiam. Ela era a certinha; a irmã, a fora de lugar; ela só havia se relacionado com esse namorado, a irmã, com vários, até engravidar e virar mãe solteira. A irmã também tinha dificuldades nos relacionamentos e, para os pais, nenhum rapaz era bom o suficiente para elas. A mãe da paciente, que cuidava do menininho, não trabalhava, então foi providencial a irmã ter o bebê para ocupá-la. Todos viviam juntos. Assim, as dificuldades no relacionamento entre os pais apareciam pouco. Mas, às vezes, ela relatava brigas grandes: ficavam sem se falar, parecia que se odiavam por dias, eles desabafavam com as filhas, que sofriam muito; depois, tudo voltava ao normal. A irmã, quando se relacionava com alguém, também brigava, mas G. era a que tinha as piores brigas.

Ela conta que, desde que nasceu, foi muito grudada na mãe e demorou muito para conseguir ir à escola. A mãe é fanática por limpeza, não gosta do contato com as pessoas, acha todo mundo sujo, impuro, promíscuo. Assim, elas cresceram sem contato com muitas pessoas. Além disso – daí o título do caso –, a mãe e a família tinham uma preocupação enorme com o que os outros iriam pensar. Tinha que sempre parecer a família perfeita. Então foi muito difícil para todos a irmã virar mãe solteira, mas a solução que acharam foi demonizar o rapaz. Era tudo culpa dele. Mesmo assim, a irmã se rebelou mais; ela não, continuou muito próxima da mãe, ficou até mais forte a ideia de que ela era a filha certinha, até conhecer o namorado. Para os pais, esse relacionamento também é bem difícil: eles não recebem o rapaz e, quando eles brigam, o pai se intromete e vai buscá-la. Ela era muito dependente da mãe (e a mãe, dela), o que se repetiu nesse relacionamento. Além disso, a mãe era muito exigente com ela e com quem se relacionasse com ela, o que G. também repetiu. Era difícil saber o que significava gostar realmente de alguém: o que se buscava era alguém para se enquadrar em idealizações inatingíveis.

O pai foi uma pessoa que se anulou muito, fez tudo o que a mãe determinou; assim, ficaram todos dominados pelas dificuldades e medos da mãe.

Aspectos gerais da história e da dinâmica conjugal, com ênfase na questão da adicção

Eles se conheceram no trabalho e, mesmo nesse ambiente, havia enormes problemas de ciúmes. Eles logo começaram a namorar. Ela já tinha vinte e poucos anos e nunca havia namorado; então, achou que já era tempo. No começo, não foi fácil. Ela teve de fazer um esforço para começar a namorar, teve de beber no primeiro encontro, mas, depois que se relacionou sexualmente com ele, virou uma coisa assim: "tudo é feio, mas com ele pode". E isso também dificultava o término do relacionamento, pois foi com ele que transou pela primeira vez e, por isso, também, como ele recebeu essa "dádiva", ele deveria ser um escravo e fazer tudo que ela queria.

Mas ele não era assim, era um *molecão*, o caçula e temporão, tinha três irmãs mais velhas, já casadas, e era o protegido de todos. Ao mesmo tempo em que isso o deixou "mimado", tornava-o frágil: tudo também tinha de ser para ele. Ela não podia olhar para mais nada, nem para o lado, era tudo para ele. Ela precisava dominá-lo para se sentir segura e ele precisava dominá-la para se sentir seguro. Os dois sempre tiveram muita atenção e exigiam continuar assim. Não conseguiam se ver como adultos, ainda eram aquelas crianças exigindo a atenção da mãe todo o tempo. No caso dela, em casa era: "não olhe para minha irmã, que eu que sou a filha perfeita". No caso dele, era: "sigam todos me olhando". E quando não eram olhados por um instante, o mundo ameaçava ruir e a reação era de muita briga. Toda essa violência era uma reação ao medo de ver seu mundo, tão frágil, perder-se. Para defender seu mundo, ela avançava com muita fúria para cima dele, caso sentisse uma ameaça. Mas não conseguia ver sua fragilidade, sua dependência, seu medo. Ela ficava brava porque era culpa dele. Aos poucos, começou a ver algo de sua fragilidade, mas tudo bem devagar, com muita desconfiança de mim.

Desenvolvimento do tratamento

No decorrer do tratamento, ela conseguiu terminar o relacionamento e não começar outro. Foi um trabalho complexo, pois não era fácil ficar sem o namorado. Ela conseguiu, arranjou um grupo de amigas, saía bastante, mas não conseguia ter outro relacionamento, nem temporário. Com as amigas do grupo também havia muita competição. Ela não queria se ver no sofrimento delas em tentar buscar alguém, um namorado, então se posicionava acima de tudo e de todos. Porém, tudo isso era difícil de ser conversado, pois ela era extremamente sensível e qualquer coisa que sentisse como deslize poderia fazê-la abandonar o tratamento, que foi o que acabou acontecendo. No início, ela também precisava de mim, não conseguia ficar sem, por isso vinha. Quando saiu do relacionamento, foi aos poucos se sentindo melhor e apareceu com mais força a rivalidade comigo.

Toda e qualquer alteração no *setting* de trabalho (mudanças de horário, férias etc.) me exigia um trabalho intenso adaptativo. Por mais que as adaptações pudessem ser feitas, nem sempre eram adaptações perfeitas, e ela se ressentia disso. Tal como um bebê muito pequeno, ela vivia todas as alterações como um tipo de catástrofe. Ainda que esse trabalho de *holding* tenha sido feito, com essa constante preocupação, a paciente interrompeu o tratamento. A confiança e a dependência em mim estavam se fortalecendo pouco a pouco, mesmo que eu não pudesse ser a perfeição a que ela aspirava. A impossibilidade de ter essa perfeição e o medo de depender de alguém imperfeito, nesse sentido, acabaram por levá-la a interromper o tratamento, após três anos de trabalho, mesmo que soubesse que ainda precisava desse tipo de cuidado.

Não sei se algum dia ela volta, acredito que não, mas espero que possa procurar outra pessoa. Ela ainda precisava de um apoio para conseguir ficar sem o namorado e conseguir namorar, sem temer tanto a dependência, sem rivalizar. Sei, no entanto, que nesse tipo de dificuldade o medo de depender pesa demais e qualquer coisa que a pessoa sinta que possa ameaçá-la (na rivalidade, na dependência) pode ser motivo para romper.

Exemplo 3 (Briga). Intenso desamparo

Algumas pessoas se apresentam como desamparadas. Apresentam-se e se sentem extremamente fracas, fragilizadas, sem terem onde se apoiar. Ao mesmo tempo, procurando se defender desse desamparo, acusam e cobram do outro a solução da situação de desamparo. Aqui, também a expressão popular "em casa onde não tem pão, todo mundo briga e ninguém tem razão" pode expressar o que ocorre nessa situação, considerando que pão, aqui, significa sustentação e compreensão do outro.

Aspectos gerais da situação da pessoa no início do atendimento, caracterizando o motivo que levou à procura de atendimento psicoterápico

Uma moça de 21 anos, estudante de enfermagem, chega ao meu consultório encaminhada por uma colega que sabia que eu estava estudando relacionamentos adictivos. Eu a vi por quatro sessões e, muito rapidamente, ela se abre, conta sobre o relacionamento, emociona-se e some (ela não vem mais e não responde ao meu telefonema; imagino que reatou com o namorado e não há mais espaço para a terapia).

Ela é bem mocinha; vem vestida de maneira despojada, falante, com uma aparência agradável e simpática.

Ela chega e pergunta se minha colega já contou sobre ela. Digo que queria ouvir dela. Ela conta que mantém um relacionamento há quatro anos, com muitas brigas, idas e vindas, ela sempre desesperada atrás dele. Diz que agora parece que o relacionamento acabou mesmo e ela está muito sensível, pois pediu que ele não a procurasse mais, pois realmente eles tinham que acabar. E o avisou que ela iria insistir, que iria atrás dele, mas pediu para ele não ceder. No entanto, quando ele segue à risca esse pedido e não a atende, ela fica desesperada, como aconteceu no fim de semana anterior, em que ficou na frente da casa dele telefonando a noite toda. Como não obtém respostas, ela xinga, ofende, faz escândalos e, correndo riscos, permanece sozinha, no carro, à noite, até que ele apague a luz do quarto e ela veja que ele foi dormir. No outro dia sente-se péssima. Ela chora ao relatar isso. E continua dizendo que, sempre que não estão juntos, ela vai à casa dele e fica lá fora, no carro, até que ele apague a luz do seu quarto e, então, sabendo que ele foi dormir, pode voltar para casa e dormir. Ela sabe que faz loucuras, que é muito perigoso, mas na hora não pensa. Se ele não aparece, vai de bar em bar atrás dele, sozinha, até saber onde ele está, seja nos bares, seja em casa, já chegou a andar a pé mais de 10 km atrás dele.

O motivo que a levou a buscar ajuda é o desespero, o sofrimento que vive com esse relacionamento. Ela já tentou ir a vários terapeutas, mas não consegue ficar.

Caracterização geral da adicção

Além do relacionamento, ela tem um uso abusivo de álcool (bebe muito sempre que sai, a ponto de não lembrar o que faz), fuma bastante cigarro e cheira cocaína. Maconha ela experimentou, mas não se sente muito bem com ela.

Aspectos gerais da história pessoal e familiar do indivíduo

K. tem uma família frágil, na qual não pode se apoiar, o que acontece desde pequena. Sua mãe engravidou dela muito jovem, ainda na escola, de um traficante que vendia drogas por ali, e que naquele momento parecia muito atraente (parecia "o cara", segundo ela). Depois, a mãe foi entendendo melhor a situação de risco dele, e quis ter o bebê, mas não quis mais contato com o pai. A mãe não era e não é usuária de drogas. O pai ficou preso alguns anos, depois reapareceu, tentou contato com a filha, mas ela não quis. Ele ainda tem sérios problemas com drogas, tem vários filhos e uma situação bem confusa. A mãe teve mais dois filhos, um de 14 e um de 12 anos, mas não se casou. Ela gosta dos irmãos, mas se sente um pouco distante deles pela idade. Eles vivem sem dinheiro: a mãe não ganha quase nada, é ela que trabalha, paga suas próprias despesas e ainda ajuda na casa com dinheiro e com trabalho. Diz que os irmãos não ajudam nada, só ela. A cobrança é toda nela.

Ela não consegue se relacionar bem com as pessoas. Diz que sai à noite e só conversa se for para flertar, que acha as pessoas em geral bobas, fúteis, e que não consegue ter muitos amigos. Tem agora três amigas, muito amigas, e é com elas que fica quando não consegue ficar só. Às vezes fica na casa das amigas, só para estar com alguém, mesmo que as amigas estejam trabalhando ou fazendo alguma atividade.

Relata também que é difícil se movimentar em lugares desconhecidos. Quando entrou na faculdade, não conseguia ir. Ficou dois anos faltando, pegando DP por não conseguir ir. Ela precisa de um ambiente seguro para conseguir ir. Diz que se sente segura em seu bairro, onde conhece todo mundo, cumprimenta as pessoas, mas, se sai dali, já é difícil. Nas baladas, é mais fácil, pois ela bebe e cheira. Ela continua dizendo que na faculdade ela só passou a ir quando conseguiu se sentir à vontade lá – a meu ver, como se tivesse colocado a faculdade no seu mundo. E agora vai bem, tira ótimas notas e foi convidada a fazer parte de um trabalho pioneiro num hospital. Ela comenta que não gosta de estudar, mas dá para perceber, por suas associações, que ela é inteligente e sensível.

Relata também que já foi a vários terapeutas e não consegue ficar: vai uma sessão, duas sessões, um mês, depois não volta.

O que caracteriza a relação adictiva é que esta realmente funciona como uma droga, esteja em associação a outras drogas, como no caso dela, ou não. Como no caso das drogas, que a pessoa não consegue largar mesmo que tenha muitos prejuízos decorrentes de seu uso, a relação adictiva também é assim. Não é uma escolha, ela precisa daquilo. Ocupa um lugar em sua vida que ela não consegue ficar sem, nem que tenha que se humilhar, implorar, andar 10 km ou ficar a noite inteira na janela da pessoa.

Da história familiar dele, não tive tempo de saber muito. Sei apenas que é filho único e vivia só com a mãe, sendo extremamente apegado a ela. Isso também era motivo de brigas, já que ele não queria envolver a mãe nas brigas, mas ela acabava sendo envolvida, o que gerava mais brigas... A mãe era boazinha, compreensiva, até permissiva demais, tratava bem K., mas, às vezes, eles extrapolavam nas brigas, não tinha como a mãe não ouvir, e ela (K.) e ele ficavam chateados e envergonhados e brigavam mais ainda por isso.

Aspectos gerais da história e da dinâmica conjugal, com ênfase na questão da adicção

O casal se conheceu numa turma de amigos. No começo, mal se falavam; depois, começaram a *ficar* e foram *grudando*; começaram a namorar, sempre com brigas, agressões, xingamentos, desespero, vai e volta.

Diz que antes dele teve outro namorado por alguns meses e que não era assim.

O relato dela é vivo, e dá para ver que existe um desespero que ela não controla e que a move a fazer essas "loucuras", como ela diz, mas que, ali na sessão, não está presente. Na primeira sessão ela chorou, porém foi mais como se estivesse descarregando a angústia do que realmente se abalando ali comigo. Nessa ocasião ela fez uma descrição mais racional de tudo o que vive. Ela fala e vejo que precisa muito de ajuda, mas não é fácil para ela construir vínculos. Ela está ali me relatando, mas não está sofrendo ali, o sofrimento está no carro com ela, na manhã seguinte, na ressaca moral e alcoólica, na relação com ele. Na sensação dela, é dele que ela precisa, é ele que vai acabar com seu sofrimento, e é difícil demais deixar essa tarefa a cargo de outra pessoa ou de outra dupla.

Desenvolvimento do tratamento

Ela vem a quatro sessões e some. Não sei se ela conseguirá se manter em algum tratamento agora, dado que me contou já ter tentado com vários profissionais. Deve ser muito aterrorizante viver uma experiência diferente de vínculo. Como ela bebe muito, pensei também que seria o caso de dar antidepressivo – pois creio que ela usa a droga como remédio – até que ela tenha mais forças para se sustentar, pois sozinha ela não se segura ainda e, se ficar muito mal, até à terapia é difícil ir. Se ela viesse, sugeriria ainda um atendimento de duas a três vezes por semana no mínimo, pois ela precisará se apoiar no terapeuta, já que não conta com outros apoios e não consegue se manter sozinha.

Nesses casos, há que se ressaltar a grande necessidade de adaptação do analista, uma adaptação que, via de regra, extrapola o que comumente é estabelecido como parâmetro de abstinência e não interferência do analista na vida do paciente. Sem esse tipo de adaptação, é impossível ao paciente retomar a sua situação traumática, na qual sofreu, no passado, pela falha ambiental, num momento em que estava, ainda, integrando-se como pessoa. Certamente encontramos aqui situações em que é muito difícil, muitas vezes impossível, oferecer a presença e a sustentação ambiental no nível e na intensidade que o paciente precisa, ainda que ele possa se beneficiar de uma situação não ideal. Em alguns casos, no entanto, isso é possível, e dá as condições para, como diz Winnicott, a *correção* da experiência passada.

b) O casal que tem nos filhos a sua droga

É comum encontrar casais que têm a vida totalmente dedicada aos filhos, ainda que sem nenhuma intimidade ou mesmo nenhuma compreensão e comunicação entre si, a não ser no que se refere aos filhos. Parece que, nesses casos, ambos se dedicam a um tipo de reparação do que eles mesmos viveram, procurando fazer com que os filhos não sofram o que sofreram, mas o fazem muito mais em função de si mesmos do que em função das necessidades e características dos filhos. Nesses casos, o casal toma os filhos como a sua droga, vivendo totalmente em função deles, inclusive impossibilitando que eles sejam independentes. São pais eternos com filhos (crianças) eternos, dado que parecem cuidar, na verdade, de si mesmos como crianças que não foram cuidadas ou como crianças que devem ser ou amadurecer de uma ou outra maneira ideal.

* * *

Como exemplo clínico, tomo um casal, T. e C., casados há 12 anos, com dois filhos. Eles se conheceram com 20 anos, em uma viagem de férias. Foi tudo romântico e apaixonante: namoraram e casaram, mas, desde o namoro, brigam muito. O jeito de conseguirem ficar juntos foi cada um sendo muito independente, vivendo juntos, mas separados: cada um viajando sozinho e tendo um espaço grande para a vida independente. Ambos têm vidas praticamente separadas, dado que não conseguem viver juntos e partilhar a vida e a si mesmos, ao mesmo tempo em que não podem viver separados, dado que a angústia de se pensarem separados parece remetê-los a uma dor maior do que a que têm com esse tipo de vida.

Minha impressão é a de que eles não conseguem consumar o casamento, pois não vivem juntos, nem conseguem se separar, pois essa foi a forma de equilíbrio que acharam. Talvez, quando os filhos crescerem ou eles amadurecerem, isso possa mudar.

Eles buscam ajuda juntos, na terapia de casal. Não são adictos a drogas, mas são filhos de adictos (nos dois casos, o pai era alcoólatra).

Ela é a mais velha de quatro irmãs, sempre foi muito responsável, estudiosa, simpática e querida por todos. Ele também é o mais velho de sua família, composta ainda por uma irmã e um irmão; é uma pessoa doce, simpática e inteligente. Os dois têm o perfil semelhante nesse sentido: ambos são os filhos mais velhos de pais alcoolistas, são muito responsáveis, sempre ajudaram em casa, estudaram muito e têm sucesso em seu trabalho. No entanto, esse jeito de estar sempre cuidando mascara a necessidade de ser cuidado. Parece que tudo dá certo para eles, mas, por trás disso, vemos dificuldades em se relacionar, em ter intimidade, em colocar limites, dado que estão o tempo todo alocados para os filhos. A falta de intimidade aparece bastante, em oposição ao jeito aparentemente disponível dos dois. Isso é fruto, a meu ver, das dificuldades que viveram em casa, pois tiveram de assumir muito cedo responsabilidades para as quais não estavam preparados. Os pais deles também não tinham intimidade nem entre si nem com eles: os pais masculinos, ainda que provessem a casa em termos financeiros, eram, ambos, mais íntimos do álcool que das mães, e estas estavam sempre correndo para dar conta do funcionamento da casa, do cuidado mais objetivo com os filhos, além da preocupação com as necessidades de seus maridos.

Eles repetem essa situação no sentido de não constituírem intimidade entre eles e se ocuparem o tempo todo dos filhos, mas estando juntos. Ele se ocupa sempre da menina e ela, do menino. Quando estão juntos, brigam muito, a ponto de os vizinhos reclamarem.

* * *

No decorrer do tratamento eles vão se dando conta da falta de intimidade, da necessidade de limites com os filhos. No entanto, é muito difícil conseguir mudar comportamentos tão arraigados. Eles sofrem com isso, mas vêm. Querem muito conseguir ficar juntos e acreditam que a terapia pode ajudá-los; procuram não faltar, realmente se envolvem e a terapia, pouco a pouco, vai conseguindo ajudá-los. Eles são religiosos. A religião, por um lado, atrapalha pelo excesso de moral; por outro, os ajuda, no sentido de quererem muito trabalhar para poderem ficar juntos, mesmo que isso implique mexer em conteúdos difíceis e doloridos. Eles ficam em tratamento por mais de um ano, crescem bastante e, depois, enfrentando dificuldades financeiras, decidem seguir sozinhos. É provável que ainda voltem algumas vezes se precisarem. Foi um caso em que realmente o casal pôde se envolver e seguir com a terapia, com bastante sofrimento e brigas, mas sem ultrapassar o limite do respeito. Pelo menos por ora, estão tentando seguir em frente, com o jeito deles, mais separados, mas conseguindo ter alguns momentos importantes de intimidade.

Um dos aspectos importantes desse tratamento era o reconhecimento de que nem tudo estava bem e de que nem tudo precisaria estar bem, desidealizando tanto a si mesmos quanto ao que ocorria e a quem eram os filhos. Uma parte significativa desse trabalho se deu em função da minha própria postura, no trato das relações transferenciais em jogo, apontando e mostrando que tanto eles quanto as situações, incluindo a relação comigo e o que eu mesma era para eles, não eram o *ideal*. Mas que se tratava de pessoas com qualidades e limites.

c) O indivíduo adicto à conquista

Há pessoas que vivem na busca dos momentos de excitação que constituem a situação de sedução e conquista, tendo nessa excitação um sentimento de euforia semelhante à do uso de drogas. O indivíduo busca, em termos impessoais, o outro como modo de lhe fornecer a sensação de ser. A pessoa sente que só pode ser alguém, ter algum valor, se a conquista é bem sucedida. Chegando a si mesmos, dessa maneira, sentem-se plenos, mas isso é efêmero, durando apenas o curto período da conquista, que é o objetivo que, tendo sido alcançado, desaparece; com isso, volta-se ao ponto de partida, e é necessário começar tudo de novo.

Parece ocorrer aquilo que tão bem colocou Carlos Drummond de Andrade no poema "Quero":

Quero que todos os dias do ano
todos os dias da vida
de meia em meia hora
de 5 em 5 minutos me digas: Eu te amo.

Ouvindo-te dizer: Eu te amo,
creio, no momento, que sou amado.
No momento anterior e no seguinte, como sabê-lo?

Quero que me repitas até a exaustão
que me amas que me amas que me amas.

Do contrário evapora-se a amação
pois ao dizer: Eu te amo,
desmentes
apagas
teu amor por mim.

Exijo de ti o perene comunicado.
Não exijo senão isto,
isto sempre, isto cada vez mais.

Quero ser amado por e em tua palavra
nem sei de outra maneira a não ser esta
de reconhecer o dom amoroso,

a perfeita maneira de saber-se amado:
amor na raiz da palavra
e na sua emissão,
amor
saltando da língua nacional,

amor
feito som
vibração espacial.

No momento em que não me dizes:
Eu te amo,
inexoravelmente sei
que deixaste de amar-me,
que nunca me amaste antes.

Se não me disseres urgente repetido
Eu te amo amoamoamoamoamo,
verdade fulminante que acabas de desentranhar,
eu me precipito no caos,
essa coleção de objetos de não-amor.

A frase "Eu te amo" só vale para o presente. Findo o presente, o outro pode já não amar e o desejoso do "eu te amo" precisa novamente da afirmação do amor, a cada segundo e sempre, sem fim, pois o presente sempre passa.

A falha na conquista leva o indivíduo ao vazio de si mesmo.

* * *

J., de 30 anos, vem buscar ajuda, pois está com a vida muito desregrada, bebe, usa drogas e sai com muitas mulheres. Isso tem atrapalhado seu crescimento profissional, e ele está esgotado de viver assim.

Ele é dedicado: procura vir três vezes por semana, vincula-se, só falta devido à ressaca – o que acontece com certa regularidade, principalmente no início, mas, aos poucos, vai melhorando. O caso dele me parece o de adicção originada pela deprivação, uma vez que ele, ainda que tenha angústias muito profundas e muito medo da solidão – tanto que sai à noite procurando qualquer mulher para passar a madrugada com ele, mas quer mudar, sair dessa vida, conseguir dormir, descansar –, gosta do seu trabalho, é envolvido, quer crescer profissionalmente. Trabalha como médico e precisa estar com a cabeça boa; não dá para ir trabalhar exausto depois de uma noitada de sexo e drogas. Ele sabe que seus pacientes precisam dele. Porém, nos plantões que faz, acaba por faltar ou ser inconstante e, no consultório particular, desmarca os atendimentos em cima da hora, deixa as famílias na mão. Assim, apesar de ter um trabalho aparentemente bom, perde pacientes. Cobra pouco e, por isso, não consegue se desenvolver como deseja. Vem de uma família de cuidadores: médicos, enfermeiros, assistentes sociais, com vários casos de adicção. A mãe passou a vida cuidando do marido, dos próprios irmãos (um dos quais morreu de *overdose*), bem como dos filhos, além de, como enfermeira, intensificar esse mesmo tipo de relação de cuidado com o outro.

Ele não consegue se controlar, sai com mil mulheres, cheira, bebe, mas sofre! Então vem às consultas e me conta, parece que me usando como se eu fosse um superego auxiliar, mas achando que eu o estaria julgando. Procuro mostrar a ele que, na verdade, é ele mesmo que se julga, é ele que é muito severo e crítico consigo mesmo (essa é também uma característica dos adictos, que muitas vezes têm um superego rígido e usam a droga, a bebida ou os outros para se libertar desse tirano interno).

As namoradas também fazem o papel de superego auxiliar, desde que não usem mais drogas ou sejam mais inseguras que ele.

Vamos falando sobre isso e ele vai percebendo como pode se regular e se aceitar. Ele realmente vai se aceitando, precisando menos dos outros, tendo mais vontade de ficar em casa e se dando conta de que isso o ajuda a "cair menos em tentação". Quando eu o atendi, pensei muito em como era importante falar sobre esses relacionamentos adictivos, pois me impressionava a quantidade de parceiras que ele achava, a qualquer hora, de dia, de noite, de madrugada, às vezes até mesmo nos supermercados e filas de banco. E não era pela necessidade sexual, pois às vezes nem transava, era mais pela necessidade de não ficar só.

Começou, então, a se preocupar com as pessoas que levava para casa e a perceber que estas tinham história, desejos, e que também sofriam, e isso foi lhe fazendo mais mal do que bem. Começou a ficar em casa sozinho, assistir a um filme, ler um livro, montar quebra-cabeças etc. Isto lhe fez bem e ele foi percebendo a si mesmo como uma pessoa com qualidades.

Até que conheceu uma moça, uma pessoa mais centrada, mais tranquila, que gostava do dia, não gostava de beber... E foi se sentindo bem com ela. Mas tinha ainda recaídas, saía à noite, mentia, depois se sentia péssimo. Esses episódios foram diminuindo, diminuindo, até cessar e ele ficar só com ela, mais tranquilo consigo mesmo e com a sua relação. Eles acabaram se casando e, depois de um tempo, tiveram um bebê, o que lhe trouxe mais alegria. No trabalho, também avançou muito; teve maturidade para ajudar a mulher a crescer profissionalmente e para auxiliá-la quando ela engravidou; e, assim, pôde parar a análise de maneira gradual e tranquila.

Minha atitude terapêutica era de alguém que não o julgava e que podia seguir o seu tempo e as suas dúvidas, reconhecendo as suas necessidades e, mesmo não agindo de forma a pressioná-lo a parar com seus sintomas, reconhecendo seus esforços e suas recaídas como partes normais do seu processo. Outro ponto importante é que ele pôde estabelecer comigo uma relação com uma mulher na qual a conquista não estava em jogo, e isto o deixava não só aliviado, como também oferecia um tipo de sustentação (a confiança no *holding*) que possibilitava que seguisse no seu próprio tempo.

d) O indivíduo que precisa estar casado (mesmo não estando)

Há muitos casamentos que são extremamente insatisfatórios, mas, mesmo assim, não levam os cônjuges a se separar. Há, certamente, muitas razões para isso, mas em alguns casos o indivíduo precisa da situação social e pessoal de estar casado como uma prova ou "prótese", que diz a ele que o vazio que sente está preenchido de alguma maneira. A possibilidade de não estar casado significa a volta a um sentimento de vazio total, de estar num mundo sem chão, solto e caindo para sempre (tal como as agonias impensáveis a que se refere Winnicott). Ante essa possibilidade, ele suporta os males de um mau casamento, ou seja, relativamente à sua angústia, ele se mantém numa situação ruim, mas que parece protegê-lo do pior.

Nesses casos, o indivíduo trata o casamento (o fato de poder caracterizar-se como casado) como a droga que torna possível manter-se integrado e com uma identidade – ainda que o casamento não exista propriamente (sem casamento, mas casado). Um paciente me disse, certa vez, que falava para a mulher que se mataria se ela se separasse dele, ainda que levasse uma vida sem a considerar como companhia para nada.

F., casado há 32 anos com S., e com uma filha de 22 anos, vem buscar ajuda por estresse e uma insatisfação que não sabe direito de onde vem. Ele é um executivo, gosta do trabalho, está bem posicionado, mas trabalha demais, vive muito cansado. Ela também é executiva, e acha que terapia, análise etc. são grandes bobagens, que cada um tem que se virar sozinho, apesar de sua irmã ser psicóloga. Depois que ele começa a análise, ela reluta, mas vai buscar ajuda. Vai a um psiquiatra, pois para ela parece mais fácil tomar um remédio do que pensar sobre sua própria vida. Eles não se relacionam mais sexualmente há tempos, vivem cada um sua vida separada. A filha, em quem a mãe era grudada, está crescendo, mas ainda é a sua grande companhia. Ele está focado no trabalho e no futebol, que joga religiosamente com os amigos. Eles não bebem nem usam drogas.

Vivem uma vida bem separada e raramente estão no mesmo lugar. Se acontece uma festa de família, vai um ou o outro; festa na empresa, cada um vai às suas. Quando estão juntos não parecem ter cumplicidade ou carinho, agem como dois conhecidos. Não brigam, mas, se têm alguma oportunidade, desqualificam um ao outro.

Ele vem à análise, conta de sua vida, mas é fechado com relação à vida conjugal. Relata seus problemas no trabalho, na sua família de origem, fala da filha e nada do casamento. Só aos poucos, vou juntando os pedaços e abrindo espaços de conversa; ele conta o que faz e ela nunca está junto, vamos abordando assim o assunto, até que ele mesmo vai se dando conta e podendo falar mais. Assim, ele vai se abrindo também e, por fim, após alguns anos de análise, eles se separam e ele já se casa de novo, mas parecendo um relacionamento diferente, com mais companheirismo, amor e sexo.

Na família de origem dele não havia adicções químicas, mas os pais tinham um relacionamento parecido com o dele e também acabaram se separando. A mãe manteve-se sozinha e o pai se casou de novo, aparentemente de forma mais satisfatória, como ele. Ele é o filho mais velho, tem quatro irmãos mais novos, todos com idades próximas, e teve de se virar sozinho logo. Sempre foi muito responsável, por isso acredito que tenha sido difícil sair um pouco desse lugar, admitir que o primeiro casamento pode não ter dado certo, sem que isso tirasse seu chão.

Na família dela, os pais são separados. Pelo que ele contava, ela também teve de crescer rápido: a mãe dela não a olhava muito, só para o irmão caçula, que acabou se tornando adicto a álcool e drogas e dava muito trabalho para a família.

O foco do trabalho terapêutico era criar as condições para que ele pudesse pensar sobre a vida afetiva que tinha, sobre a necessidade de estar casado mesmo não contando com a presença da mulher, sobre o que seria ter uma vida afetiva melhor. Isto não ocorria apenas a partir de uma atitude de escuta; era necessário que conversássemos sobre esses temas, sobre essas situações, exigindo que eu me colocasse sem que isso significasse aconselhá-lo, mas, sim, estimulá-lo a refletir sobre o que vale e o que não vale a pena na vida, sobre poder ou não ter uma vida afetiva mais rica, sobre os custos da vida que tinha.

e) O indivíduo que não pode estar casado (não consegue se relacionar), mesmo precisando ("ninguém é suficiente para mim")

Numa situação quase oposta à descrita anteriormente, há pessoas que não aceitam algo menos do que *tudo o que* esperam. Só um outro que seja totalmente de acordo com o que elas sentem que precisam seria adequado para preencher seu vazio. E, assim, ninguém é bom o suficiente para elas.

Ainda que essas pessoas precisem do outro, quando começam um relacionamento, via de regra, este é marcado tanto pelas idealizações de si mesmo como do outro, o que gera constantes decepções, reclamações e brigas, dado que o ideal não é real. O relacionamento fracassa na sua continuidade, como se se postergasse para o próximo relacionamento o encontro com os ideais esperados. Alguns, por não suportarem ficar sozinhos, saem de um relacionamento desse tipo para outro, numa repetição fadada ao fracasso; outros acabam vivendo sozinhos, como um tipo de acomodação.

* * *

P., 23 anos, é uma moça que iniciou sua análise comigo com a reclamação de que, apesar de querer muito, não consegue se manter em nenhum relacionamento. Estes são conturbados, com brigas violentas, com agressões tanto físicas quanto psicológicas. Ela vive sonhando em casar e ter filhos. Segue com seus relacionamentos conturbados até que, após alguns anos de análise, vai diminuindo o ritmo destes, chegando mesmo a ficar um tempo sem se relacionar com ninguém, sentindo-se, então, melhor e mais livre. Consegue se desenvolver bastante no trabalho (ela possui uma loja de flores), ganha sua independência financeira, vai morar sozinha e cada vez está melhor. Ela constituiu um bom grupo de amigos, que lhe faz companhia, e para de pensar tanto em namorar.

P. era filha do meio de uma família com três mulheres. A mais velha era linda e brilhante (na visão dela) e a caçula era sempre a pequenininha, mimada por todos. Ela sentia-se sem lugar, sem ser a pequena nem a brilhante da família. Ela não conseguia ver suas qualidades e o lugar que ocupava. A mãe era dona de casa e o pai, empresário. Eles tinham uma vida confortável, mas a mãe era uma pessoa simples, voltada para a família, e o pai era alcoólatra funcional (trabalhava e mantinha e família), mas passava muitos períodos fora de casa, tinha amantes e não fazia questão de esconder, o que revoltava muito as filhas, que queriam sempre proteger a mãe, que ela sentia como muito frágil. Assim, permaneceu ligada à mãe, com a sensação de que precisava protegê-la, e com uma imagem terrível dos homens, o que fazia que ela não conseguisse se identificar nem com a figura feminina nem com a masculina. Ela queria muito se casar, como se o casamento *ideal* fosse redimir a sua situação vivida com os pais. Depois que ficou sozinha, descobriu em si mesma um lado empreendedor e montou um negócio inovador que lhe rendeu frutos significativos. Ela tinha muitos amigos, adorava sair e viajar e, assim, sua vida ficou bem melhor.

Essa análise possibilitou – com o tipo de sustentação ambiental sem cobranças e julgamentos, focando nas conquistas que podia ter tanto no seu trabalho quanto na sua vida social junto com os amigos – o seu fortalecimento gradual, ainda que periodicamente voltasse a se sentir fracassada por ainda não ter conseguido se casar. O trabalho psicoterápico, depois dessas conquistas pessoais, implicava, ao menos, dois tipos de foco temático: 1. evitar que ela se desqualificasse porque não estava casada, abrindo caminho para que pudesse se valorizar mais; e 2. desidealizar o casamento, a si mesma, ao outro e até a mim como sua analista (que ela imaginava ser uma mulher casada ideal).

f) O casal que procura ajuda, mas não consegue chegar até o tratamento

Há alguns casais adictos que procuram ajuda psicoterápica, mas jamais conseguem iniciá-la efetivamente. Eles ligam, escrevem *e-mails*, conversam ao telefone e, mesmo conseguindo fazer uma ou duas consultas, não permanecem em tratamento. Há uma oscilação entre momentos de desespero, quando sentem que precisam de ajuda, e de onipotência, quando acreditam que podem resolver o problema sozinhos, como se tivessem encontrado eles mesmos uma solução definitiva.

O exemplo clínico que procuro apresentar tem a intenção de caracterizar esse tipo de dinâmica. Este advém de uma situação de atendimento na Clínica Psicológica da USP, mas essa situação e dinâmica ocorre noutras instituições de atendimento, como também nos consultórios privados: uma aparente demanda interessada que não se concretiza num atendimento efetivo e num tratamento.

* * *

B. me mandou vários *e-mails* querendo marcar um horário, para ela e seu companheiro, A., que estava internado em função do uso de drogas. Ela conta, brevemente, o que estava ocorrendo e diz que quer esperá-lo sair e que logo virá para uma consulta. Depois de algumas trocas de *e-mails*, ela se diz desesperada e pede para combinarmos um horário antes de ele sair da internação. Digo que a proposta do serviço é atender o casal, mas que, diante da angústia dela, eu a atenderia. Marcamos, porém ela não compareceu. Depois de um tempo, escreveu-me, desesperada, novamente pedindo um horário. Eu atendo ao pedido, mas ela novamente falta. Eu envio uma mensagem quando ela falta, mas ela só responde no tempo dela, que pode demorar um dia ou meses. Ficamos um tempo sem contato até que ela acha meu telefone (o contato que passei na USP foi o *e-mail*) e liga pedindo outro horário. Quando ela me procura, são sempre cinco, dez telefonemas ou *e-mails* seguidos. Marco novo horário e ela não vêm. Mais um tempo, novo pedido e novamente não comparece no horário combinado. O companheiro sai da internação, ela pede de novo e não vem. Como a situação do casal e da compulsão à adicção não mudou, logo acontecimentos de sofrimento e desespero ocorrem. Ela volta a me ligar e depois de uma longa insistência e esclarecimento, de minha parte, sobre a necessidade do tratamento e a observação de que, sem cuidados, a situação não mudaria, tendendo a piorar, tentamos marcar uma consulta. No entanto, ela não consegue vir! Ainda que eu me adaptasse e remarcasse os horários, ela não conseguia vir. Ocorria de ligar, de querer falar ao telefone, ainda que pouco escutasse. Ao telefone mostrava-se afetiva, como se houvesse uma grande intimidade entre nós, mas efetivamente não suportava nada que não fosse ela mesma e seu mundo.

Nesses casos, creio, é necessário um longo período de adaptação a essa oscilação, para que pacientes desse tipo vejam que o seu mundo estaria sendo aceito sem nenhuma interferência nossa, como se esse fosse o sinal, de que são vistos. Então, talvez possam se aproximar para confiar, o que implica *depender*. É como se, à distância, fossem testando se podem confiar, se podem depender.

Um aspecto importante a ser compreendido, nesses casos, é que esses pacientes desejam, sim, cuidar-se, mas a dor e a desconfiança angustiante que os toma quando se aproximam de uma situação na qual vão depender de alguém são impensáveis, insuportáveis. Não será, pois, à força ou impondo as regras que conseguiremos ajudar essas pessoas. Com pequenos e constantes acolhimentos é que poderemos fornecer uma possibilidade de confiarem em alguém (confiarem num ambiente que não seria invasivo). Certamente, essa não é uma situação muito promissora, mas ela é muito mais comum do que gostaríamos e, nesse sentido, também precisamos cuidar dela, não bastando aceitar ou dizer que não há demanda efetiva de tratamento ou ajuda, mesmo porque isso não é verdadeiro.

g) Quando o relacionamento adictivo tem resultados saudáveis

Termino este capítulo relatando uma situação encontrada tanto na vida cotidiana quanto nos consultórios, na qual o relacionamento adictivo pode ter aspectos positivos e servir para o casal como um tipo de reconstrução da sustentação ambiental que leva à integração e ao amadurecimento.

Essa, talvez, seja a situação na qual o relacionamento conjugal, mesmo sendo um relacionamento adictivo, atende às necessidades de cada cônjuge, fornecendo um tipo de integração e de apoio que parece corrigir, ao menos em parte, as falhas ambientais iniciais. Nesses casos, o relacionamento adictivo fornece um ambiente afetivo e relacional que supre, ainda que sempre precise ser reiterado, a falha ambiental e/ou a falha transicional, contribuindo para o desenvolvimento emocional, mesmo que muitos obstáculos precisem ser ultrapassados para que as angústias de cada cônjuge não destruam o relacionamento. No caso que descreverei, procuro apontar muito mais para os aspectos positivos desse processo do que para os momentos em que quase tudo esteve para ser perdido, em que o recolhimento e a desconfiança quase venceram a esperança e o encontro.

* * *

T. é uma mulher que iniciou sua análise comigo quando estava com 27 anos, tendo já vivido vários relacionamentos complicados, sempre terminados com rupturas definitivas. Ela se enamorava de homens que precisavam ser cuidados e, acreditando que assim seria amada com segurança, adaptava-se ao extremo, esquecendo-se de cuidar de si mesma. Evidentemente, ao longo do tempo, não só não se sentia amada, como também se via como injustiçada. Sonhava com a maternidade, como se nela pudesse realizar seu amor, realizar a si mesma.

Com 33 anos, conheceu Y., um homem doze anos mais velho, que estava num momento difícil da vida, sentindo-se fragilizado. Para ela, uma oportunidade a mais. Ela se colocou no seu papel conhecido de cuidadora, o que era, para ele, aquilo de que precisava em termos de acolhimento e sustentação.

Antes de passar à descrição do que foram os encontros adictivos com efeitos positivos para cada um dos membros desse casal, é importante retomar um pouco das suas histórias pessoais. Sei mais da história de T., sendo a história dele retomada a partir do que ela me contou.

Ele vinha de uma família numerosa com muitos irmãos e irmãs, tendo crescido sem nenhuma atenção especial e sempre se sentindo menos do que os irmãos, na dúvida de se tinha direitos, principalmente o direito de ser amado. Esse tipo de angústia parece tê-lo levado, obsessivamente, a dedicar-se a ser muito bom (ele queria ser "o melhor") na sua área. E teve mesmo muito sucesso. Porém, por mais sucesso que tivesse, isso não diminuía o seu sentimento de insegurança. Y. veio de uma família simples, camponeses que migraram para a cidade. Ele teve de se virar muito sozinho e também ficou perdido e inseguro, estabelecendo relações adictivas com o estudo, o trabalho e futuramente nas relações afetivas. Teve relacionamentos conturbados que o levaram a buscar análise, que ele seguia fazendo quando conheceu T.

Ela é a filha caçula de uma família de quatro irmãos. Antes de ela nascer, a mãe havia perdido dois bebês e não queria mais ter filhos. Acabou engravidando e vivendo uma gravidez bastante difícil. A mãe havia tentado abortar essa gravidez, mas não foi bem sucedida e o bebê nasceu saudável. Logo após o nascimento, seus pais se separaram e continuaram brigando por anos a fio. Sempre foi uma menina muito insegura, querendo agradar a todos, até que, na adolescência, descobriu o namoro como uma tentativa de apoio, que, mesmo bastante instável, fazia com que tivesse momentos de segurança. Era a isso que ela recorria a cada vez que se angustiava e sentia-se caindo no vazio. Assim, passava de um namoro ao outro, só conseguindo achar alívio momentâneo para suas angústias. Quando encontrou Y., teve um tipo de comunhão adictiva que, mesmo patológica, atendia à sua necessidade de estar sempre cuidada. Os dois se casaram, tiveram filhos e mantêm um bom relacionamento, apesar de continuarem com a característica de precisar muito um do outro e não conseguirem ficar separados. Ela tem também uma relação de muita proximidade com os filhos.

Ambos precisam de amores exclusivos, intensos, adictivos e com um grau de presença e confiança difícil de ser atendido. Talvez o sofrimento vivido nos diversos relacionamentos anteriores que não deram certo, associado à angústia e à solidão que sentiam, os tenha levado (apoiados por suas análises) a ser mais tolerantes com o que não tinham, a suportar as imperfeições da realidade, mas não sem custos, brigas, separações e retornos.

O processo de construção da vida conjugal e da confiabilidade que um podia ter no outro não foi caminho sem percalços. Os ciúmes mútuos, as brigas por falta de atenção, os distanciamentos eram vividos tanto como necessidade pessoal quanto como uma forma de agressão. Nesse cenário, a vida sexual era um dos pontos importantes de união e também servia como forma de reparar essas situações de desencontro. Esse foi um dos componentes importantes para que pudessem seguir juntos e reparar certas situações que o diálogo não tinha o poder de fazer.

Assim, juntos, puderam ir desenvolvendo um pouco da capacidade de estar sós, e já podiam estar sós ainda que juntos. Gradualmente, puderam ir sentindo que o outro não é a única maneira de eles se sentirem vivos e se sentirem alguém. Isso pode até voltar em alguns momentos mais regredidos, mas, em geral, eles já encontram em si mesmos alguns recursos.

Mesmo nesse caso, as angústias eram severas. Entretanto, como já pude observar em outros casos, em que as angústias severas vêm de ambientes não suficientemente bons quando bebês, se depois o ambiente em que essas pessoas vivem melhora, elas, ainda que permaneçam com suas angústias, têm mais possibilidade de aderir ao tratamento. No caso deles, foi assim.

A adicção mútua foi, nesse caso, tanto o sintoma quanto aquilo que possibilitou encontrar uma sustentação afetiva que lhes faltava, o que aponta para um caminho em que a adicção pode servir para o desenvolvimento emocional, mas não sem grande custo para os envolvidos.

Ela chegou à análise num momento de muito desespero, quando não estava mais encontrando alívio nos relacionamentos. Estava excessivamente magra, sem conseguir se alimentar, sem conseguir dormir e abusando de bebida e de baladas, como tentativa de fugir de suas angústias. Nesse desespero, foi buscar ajuda, querendo achar algum jeito de sobreviver e agarrando-se nessa esperança. Ia a todas as sessões, falava muito, contava o que achava ser importante, mas pouco ouvia; e eu me adaptava à sua necessidade de ser ouvida, seguindo com atenção o seu mundo e seus sofrimentos. Só depois de um longo tempo, tendo tido a experiência de ser aceita e não interpretada (pois sentia, quando isso ocorria, que algo de fora estava dizendo a ela "como eram as coisas", sem que ela mesma soubesse ou concordasse), veio a possibilidade de ouvir, sem se sentir invadida e, sim, entendida e cuidada. Ela foi se cansando de só relatar as mesmas coisas, e começou a perceber como sua vida estava repetitiva. Começou a me escutar e a ligar o que eu falava com o que ela trazia e, assim, fomos abrindo um espaço de comunicação, um espaço afetivo, um encontro de confiança, em que ela sentia e experimentava ser entendida e entender o que um outro falava. Creio que essa experiência analítica serviu como um tipo de reparação na sua esperança e possibilidade de comunicação, podendo, então, começar a experimentar isso com os outros.

No processo psicoterapêutico desse caso, cada um deles pôde, nas suas análises, elaborar a distinção entre a realidade dos encontros efetivamente vividos e as fantasias dos encontros idealizados, tornando possíveis movimentos de reconhecimento das necessidades do outro e, principalmente, as ações de reparação dos desencontros e machucados vividos, valorizando os efetivos cuidados que dispensavam um ao outro, os momentos de comunhão num tipo de recomposição de um espaço transicional, ou dos fenômenos transicionais, que era compartilhado por eles.

5. CONSIDERAÇÕES FINAIS

Para concluir, retomarei sucintamente o que são as adicções, sua origem e suas dinâmicas, bem como em que sentido os relacionamentos adictivos são um tipo de adicção, tendo em vista uma compreensão sobre o seu tratamento e, principalmente, sobre como seria possível preveni-los.

5.1. As adicções

O adicto não busca apenas o prazer, mas uma situação e uma experiência pessoal, corporal e até mesmo social, nas quais visa preencher um vazio existencial, um vazio que também está relacionado diretamente com a procura de si mesmo.

As drogas, a comida, o sexo, a internet ou outros tipos de *objetos-droga*, ainda que pareçam, ao menos inicialmente, ter um aspecto lúdico e sejam considerados por muitos como um modo de "aproveitar a vida", acabam com o brincar que faz com que a vida valha a pena ser vivida, podendo levar a uma dependência mortífera para o indivíduo e para suas famílias. Cabe aqui, no entanto, diferenciar entre o uso recreativo (lúdico) e o uso patológico-dependente do objeto-droga: o uso recreativo (um pouco de vinho, um charuto etc.) pode realmente ser uma experiência corporal e relacional criativa e integradora do indivíduo, enquanto o uso patológico implica um tipo de servidão na qual o objeto-droga se torna o centro e o motivo aparente da existência – ou seja, o indivíduo fica escravizado pelo objeto-droga.

A origem das adicções deve ser buscada nos acontecimentos afetivos da primeira infância, não propriamente no sentido de procurar um trauma, mas no de localizar na infância quais são as situações que contribuem para que ocorram, num indivíduo e em seu ambiente, as falhas que o impediram de encontrar (construir) a si mesmo e, consequentemente, de poder também encontrar ao outro. Não se trata, a meu ver, de um único momento de falha ambiental, nem de considerar apenas um período no desenvolvimento, mas, sim, de reconhecer que há diversos acontecimentos que podem levar o indivíduo tanto a sentir um vazio existencial quanto a avaliar que um objeto-droga qualquer poderia retirá-lo desse vazio. Isso significa que diversos tipos de acontecimentos (ou falhas do desenvolvimento) poderiam gerar angústias desse tipo e, consequentemente, uma busca de solução do tipo adictivo.

Ao procurar elencar quais seriam as causas das adicções, considero, tanto pelo estudo teórico como pela observação clínica, que as adicções podem ter sua gênese, basicamente, em quatro tipos de situações ou acontecimentos na história emocional do indivíduo, a saber:

1. Falhas ambientais primitivas, referidas aos momentos mais iniciais do processo de desenvolvimento emocional (falhas de sustentação que levam o indivíduo a viver *angústias impensáveis*, que são angústias de aniquilamento num momento em que esse indivíduo ainda não está integrado num si mesmo díspar do mundo externo). As adicções originadas dessas falhas na fase da dependência absoluta são mais difíceis de resolver.

2. Falhas na fase da transicionalidade, isto é, falhas ambientais e falhas nas relações inter-humanas que o bebê e/ou criança têm com o mundo, nas quais o criar-encontrar a si mesmo e ao mundo fica perturbado. Nesses casos, ocorre uma impossibilidade de viver a experiência de estar ao mesmo tempo integrado e separado do mundo. Num certo sentido, essa experiência se refere ao estar fundido e separado do mundo, o que parece ser retomado nas adicções que alteram a percepção de si mesmo e dos limites do si mesmo com o mundo e com o outro.

3. A angústia que deriva da situação de deprivação, na qual o comportamento adicto poderia ser considerado como um comportamento antissocial, com os mesmos objetivos do comportamento antissocial derivado da deprivação, ou seja: um SOS dirigido ao ambiente, visando recuperar a sustentação e a confiabilidade ambiental perdidas (perda cuja responsabilidade é creditada pelo indivíduo ao ambiente).

4. McDougall se refere, ainda, a angústias que derivam da situação edípica, mas, no meu entendimento, quando estamos nesse campo mais amadurecido do desenvolvimento, as adicções não se estabelecem como sintoma prevalente nem como a "única solução" das angústias e conflitos vividos nesse cenário neurótico-edípico.

De modo geral, creio poder afirmar que o sintoma adictivo é uma tentativa do indivíduo de encontrar a si mesmo, uma tentativa de integração de si mesmo (ainda que, paradoxalmente, ela possa desintegrar o corpo). Seria um tipo de procura desesperada para que, por uma experiência corporal intensa, algo mais importante do que o prazer pudesse ser encontrado. Tal como afirma Winnicott, a integração aqui procurada via objeto-droga seria um tipo de integração advinda de dentro do indivíduo (por meio dos efeitos do objeto-droga sobre o corpo e o ser do indivíduo).

O sintoma adictivo é uma tentativa fracassada, repetidamente fracassada, de encontrar uma solução para sentir a si mesmo e para sentir-se bem consigo mesmo, dado que ela corresponde a um efeito efêmero advindo de algo que vem de fora, mas que é sentido como tendo ação e efeito internos. Representa, assim, uma ilusão de solução para um problema interno via um objeto externo; uma solução externa (necessariamente fracassada) para aquilo que só poderia ser encontrado como uma conquista duradoura e interna, ainda que isso dependa, necessariamente, de encontros propriamente humanos.

5.2. Os relacionamentos adictivos

Em alguns casos de adicção, o objeto-droga é um outro. Os relacionamentos adictivos se caracterizam, pois, por um tipo de relação na qual o outro é usado tal como uma droga e na qual ocorre um tipo de dependência existencial que tem num outro específico o seu foco único.

Os relacionamentos adictivos não acontecem só com casais. Podem acontecer entre pais e filhos, mães e filhos, entre amigos, parentes, no trabalho, enfim, em qualquer relacionamento.

Em alguns casos, os relacionamentos adictivos podem amadurecer e resultar em formas mais saudáveis e possíveis de existência e relacionamento, levando os dois envolvidos a um amadurecimento maior. Certamente, há um caminho individual, um desenvolvimento e amadurecimento individual a ser feito (o que pode ser profundamente ajudado por uma análise). Existem casos mais difíceis de cuidar, quando, por exemplo, sobrepõe-se a essa dependência do outro a dependência a drogas ou outros tipos de adicções.

É um fato, observado clinicamente, a existência de pessoas que conseguem paulatinamente moderar sua maneira de se relacionar, e de outras, como em outros tipos de adicção, para as quais o único modo de lidar com o impulso à adicção é a abstinência. Para alguns, no caso aqui focado dos relacionamentos adictivos, é melhor ficar sozinho do que se relacionar adictivamente. Isso tem a ver com a fase em que ocorrem as falhas ambientais e, também, com a forma como a pessoa se desenvolve. É possível que angústias muito arcaicas sejam ativadas no encontro mais profundo com o outro e que, em consequência, viver com encontros mais superficiais não desperte a "fissura" pelo objeto-droga (assim como um adicto a álcool muitas vezes precisa evitar passar perto do bar, andar com certas companhias ou ir a lugares que lhe despertem o desejo de beber).

Entretanto, para poder existir esse tipo de escolha, são necessários dois fatores e/ou acontecimentos, a saber:

1. A repetição da experiência, da vivência de o relacionamento adictivo (ou aquela droga) não fornecer o que a pessoa está buscando – não fornece o preenchimento de seu vazio existencial, não possibilita o encontro de si mesmo. Além disso, após ultrapassar o momento inicial (no qual pode haver um apaziguamento momentâneo da angústia e apresentar-se até mesmo como um estado de euforia), há a percepção da insuficiência da solução adicta, com uma desilusão que intensifica o vazio existencial, dado que, somado ao fracasso da procura, há uma perda da esperança;

2. O indivíduo precisa, ainda, ter chegado a um certo amadurecimento ou integração no qual o ficar só é possível com grandes limitações e custos existenciais, mas que, comparados à retomada das angústias impensáveis, são preferíveis. É preciso haver um certo amadurecimento para que o indivíduo possa conseguir conter, ainda que precariamente, e suportar as angústias existenciais, de modo que ele não seja impulsionado pela necessidade de descarregá-las a qualquer custo.

A compreensão do que procura o adicto, do que procura o relacionamento adictivo em termos da integração de si mesmo e de ter um lugar para viver a partir de si mesmo, pode ajudar na orientação dos cuidados clínicos e dos cuidados profiláticos desse problema individual, familiar e social.

5.3. O tratamento do ponto de vista psicanalítico na perspectiva de Winnicott

Para Winnicott, o tratamento psicoterápico psicanalítico e/ou de base psicanalítica visa tornar possível ao indivíduo retornar às suas experiências traumáticas para corrigi-las, isto é, para retomar o processo de desenvolvimento emocional, que o levará a poder viver a partir de si mesmo.

As experiências ou traumas a serem corrigidos nas adicções e nos relacionamentos adictivos dizem respeito a dinâmicas que caracterizam a fase da dependência absoluta, a transicionalidade e a situação de deprivação. No primeiro caso, o indivíduo precisaria, em termos psicoterápicos, voltar à dependência (dependência do analista), a fim de que um ambiente suficientemente bom pudesse proporcionar as condições para que ele se integrasse no espaço, no tempo, no alojamento da psique no corpo, no desenvolvimento do sentimento de confiança em si mesmo e no mundo (derivado de uma boa maternagem). No segundo, trata-se de retomar a situação ambiental e os relacionamentos que tornam possível a experiência de brincar e de viver os fenômenos transicionais, sem ruptura, sem destruição da situação paradoxal na qual o mundo, o si mesmo e o outro são todos, ao mesmo tempo, criados e encontrados. No terceiro caso, na situação da atitude antissocial, trata-se de fornecer a provisão ambiental que restitua a confiabilidade no ambiente, perdida pela deprivação.

Esse tipo de orientação para o tratamento – regressão à dependência, brincar juntos, fornecimento de provisão ambiental – pode ocorrer tanto no consultório privado quanto nas instituições e nas sustentações do grupo familiar que podem ser orientadas, sendo que a intensidade do sintoma e o grau de adoecimento das pessoas envolvidas podem indicar ou mesmo limitar algumas dessas possibilidades de tratamento. Dentro desse quadro, a própria medicação, se bem utilizada, pode servir como um tipo de contenção e/ou de proteção ambiental.

5.4. A profilaxia do ponto de vista psicanalítico na perspectiva de Winnicott

Uma parte significativa dos programas de prevenção das adicções tem suas ações centradas nos programas de educação preventiva, procurando fornecer informações sobre o uso indevido de drogas. As técnicas de prevenção mais comuns, atualmente, referem-se ao oferecimento de palestras, debates, *workshops*, implantação de programas em empresas, escolas, comunidades, formação de agentes multiplicadores, plantão de informação, entre outros; todas, no meu entender, visando a um tipo de conscientização dos males que o objeto-droga faz. Contudo, pouco se fala, nos principais programas financiados pelo governo, da importância da prevenção primária em termos da proteção do ambiente em que a criança vive.

Ao discorrer sobre os modelos preventivos em voga, Reale (2005) destaca dois tipos de modelos: o proibicionista e o de redução de danos. Ambos, no entanto, parecem agir muito mais no controle ou delimitação do uso das "substâncias" adictivas do que na atenção dada aos mecanismos que levam a constituir, gerar o impulso que induz ao uso dessas substâncias. Ou seja, muitas das propostas de prevenção às adicções estão centradas numa orientação pedagógica, no esclarecimento cognitivo e mental dos males que a droga provoca etc. ou, mesmo no modelo de redução de danos, em reduzir os malefícios que o uso de drogas traz. Este último modelo leva em conta a singularidade, sabendo que nem todos que usam drogas conseguem parar de utilizá-las. Porém, parece-me que, nesses tipos de intervenção, não estão consideradas a gênese existencial e a falha ambiental que originam esse problema.

Não se trata, a meu ver, de explicar quais são os males advindos do objeto-droga, mesmo porque não me parece haver falta de consciência desses males. A situação é que, mesmo sabendo dos males e da destruição que os objetos-droga podem provocar, há um impulso superior, uma necessidade de encontrar a si mesmo e de eliminar um vazio existencial que se apresenta como mais importante do que os possíveis danos colaterais que o objeto-droga pode causar. Creio, pois, que só com a compreensão do que busca o adicto – em termos do que analisamos derivar de falhas na sustentação ambiental, falhas no contato com o outro – é que poderemos efetivamente atacar as causas desse tipo de sintoma. Isso significa que o cuidado com essa problemática deveria centrar-se nas medidas capazes de prevenir o surgimento de novos casos ou, noutros termos, no que se denomina de prevenção primária. Essa posição não exclui outros tipos de intervenção, tais como o tratamento de dependentes e de familiares e a repressão ao tráfico, entendendo-as, entretanto, como medidas limitadoras do mal estabelecido.

A prevenção primária implica proteger e dar as condições sociais e emocionais para que as famílias com bebês e crianças pequenas possam prover um ambiente *suficientemente bom* para o seu desenvolvimento: um ambiente estável que atenda às necessidades físicas e emocionais (contato verdadeiro, regularidade, confiabilidade etc.); um ambiente que possa sustentar a existência inicial do bebê sem que haja interrupções e intrusões no seu desenvolvimento ou, como diz Winnicott, sem quebra significativa na sua continuidade de ser.

Certamente, a pobreza e as limitações sociais e financeiras são um problema e um fator importante na compreensão das maneiras como o ambiente falha, mas aponto, aqui, para um outro aspecto da situação ambiental, que diz respeito à qualidade do contato humano dirigido ao bebê, à constância e previsibilidade que um bebê pode ter quando é cuidado, por oposição a ser cuidado (ou não cuidado) de modo caótico, a não poder estabelecer, desde o início, relações humanas confiáveis (quer dizer, previsíveis) e que atendam às necessidades do bebê e da criança (não só as físicas, mas as necessidades de contato, de estabilidade emocional, de não invasão, de "posse de seu ursinho", de comunicação etc.).

Nesse contexto que saliento, parece-me, pois, que a gênese da adicção não vem da situação de miséria social (ainda que esta possa contribuir para a situação de desestabilização ambiental), mas da não sustentação ambiental (familiar, social) e isso, sim, pode contribuir e estabelecer o cenário propício para que as adicções surjam como uma solução ilusória para os indivíduos. No entanto, não há objeto-droga que possa fornecer um si mesmo.

Muito se fala da questão da falta de limites quando se pensa nas adicções, e não há dúvida de que os adictos ultrapassam os limites. Não são raras as contravenções e uma grande parte das descrições e compreensões sobre a estrutura dinâmica desses pacientes os caracteriza como tendo algo de perverso em seus comportamentos. A compreensão teórica e a clínica desses pacientes também levam em conta – como um de seus elementos fundamentais – a necessidade de impor limites, seja no que se refere aos seus comportamentos, seja no que diz respeito às ações que procurariam fazer o paciente introjetar os limites simbólicos representados pela lei ou, numa linguagem mais próxima à teoria psicanalítica, pela introjeção da castração simbólica. Reconhecendo a importância da questão do limite na prática clínica com esses pacientes, ressalto outro aspecto dessa questão, apoiada na obra de Winnicott, para compreender a necessidade e procura de limite por esses pacientes, considerando-a como a procura de si mesmo.

Os modelos de tratamento tampouco têm em conta a valorização dos cuidados com as mães, ou tratamentos que possam se aprofundar nos cuidados com o adicto para que este tenha uma experiência de confiança com o terapeuta e possa desenvolver seu eu até que seja capaz de prescindir da droga. E entendo que isso não seria atingido de forma satisfatória via entrevistas motivacionais, sugestões, broncas ou exigências de abstinência. Ao menos é o que tem mostrado a realidade, não só a dos clínicos, mas também a realidade social mais ampla (cujos programas governamentais têm reconhecido estarem perdendo essa guerra contra as drogas).

O paciente adicto só pode parar de depender da droga quando tiver encontrado em outro lugar o que procura nas drogas. Ou seja, quando tiver encontrado no mundo a sustentação e a distinção entre seu si mesmo e o mundo externo e, nesse sentido, tiver confiança suficiente no mundo para não precisar desse intermediário para o encontro consigo mesmo e com o mundo.

Se pudessem existir programas voltados para os cuidados com as mães e os seus bebês, certamente teríamos crianças menos desamparadas, mais envoltas e sustentadas por um ambiente confiável, previsível, um ambiente que lhes daria possibilidades para encontrarem a si mesmas tanto no encontro com os outros quanto nas atividades criativas de expressão de si mesmas. Não é uma ideia vaga e banal a afirmação de Winnicott de que *é no brincar e somente no brincar (infantil ou adulto) que o ser humano encontra a si mesmo*, dado que esse brincar é sinônimo de estar consigo e com o outro, de encontrar a si mesmo e ao outro. Esse brincar, mais do que uma atividade que faz rir, corresponde a uma atividade criativa, feita individualmente ou em grupo, na qual o ser humano exerce o mais profundo de si mesmo e, por isso mesmo, encontra o mais profundo de outros seres humanos. A meu ver, a música, o esporte, as artes, a filosofia, o comer acompanhado, o sexo etc. são expressões do fazer criativo que é fundamento do que é o ser humano e do que é ter uma vida que valha a pena ser vivida.

O reconhecimento da importância dos cuidados com a primeira infância como medida preventiva contra a gênese das adicções implica, pois, na necessidade de estabelecer programas sociais em maternidades, centros pré-natais e outros locais frequentados por gestantes, cuidando da semente básica. Depois disso, esses cuidados precisariam, ainda, ser estendidos de forma que a sustentação ambiental familiar pudesse fornecer estabilidade afetiva para que, com essa vivência, os fundamentos de si mesmo estivessem plantados, não havendo, assim, as condições para que os objetos-droga pudessem seduzir tão profundamente, prometendo o que jamais podem entregar.

Uma criança que nasce num ambiente confiável, estável, previsível, com seres humanos que ela reconhece e com os quais estabelece laços de dependência e experimenta autonomia; uma criança que frequenta e cresce numa creche que também tem essas características básicas; uma criança que pode encontrar na sua casa e na sua escola esse tipo de estabilidade ambiental certamente poderá brincar, crescer e chegar à vida adulta sem a sensação de que há um "não-sei-quê" faltando dentro de si que talvez a droga ou outros tipos de adicções – como sexo obsessivo e sem outro, real ou virtual (tal como ocorre atualmente via internet); o comer compulsivo, o impulso insaciável de comprar etc. –, possam oferecer. Isso seria, como se diz, "cortar o mal pela raiz". Estou certa de que programas sociais desse tipo, atitudes políticas desse tipo, seriam muito mais eficazes e muito mais baratas do que os milhões e milhões que têm sido gastos com as propagandas de conscientização e com as atividades de repressão, e serviriam, inclusive, como forma de diminuir a delinquência.

Phillips comenta qual seria o aspecto fundamental da natureza humana e do que seria necessário ter em mente para cuidar da produção da sua saúde psíquica:

> Em Winnicott, o homem só pode encontrar a si mesmo em sua relação com os outros, e na independência conseguida através do reconhecimento da dependência, ele seria o animal dependente, para quem o desenvolvimento – a única 'certeza' de sua existência – era a tentativa de se tornar 'separado sem estar isolado'. Anterior à sexualidade como o inaceitável, havia o desamparo. A dependência era a primeira coisa, antes do bem e do mal. (Phillips, 1988; p. 29)

Portanto, conclui-se que só pode chegar à fase da independência quem pode vivenciar a dependência, quem pode reconhecer sua dependência, seu desamparo. Mas, para isso, a pessoa precisa ter tido a chance de ter de quem depender, para que a dependência não apareça como algo ameaçador. Por isso, reforço a necessidade de cuidarmos das mães e de seus bebês na fase da dependência absoluta e relativa, para que seja possível depender do namorado(a), do marido, da mulher sem, com isso, ter um relacionamento adictivo.

> Eles pareciam saber que quando amor era grande demais e quando um não podia viver sem o outro, este amor não era mais aplicável: nem a pessoa amada tinha a capacidade de receber tanto. Lóri estava perplexa ao notar que mesmo no amor tinha que ter bom senso e medida.

> (Clarice Lispector, *Uma Aprendizagem ou o Livro dos Prazeres*)

Referências bibliográficas

Abraham, Karl. (1924a). Breve Estudo do Desenvolvimento da Libido, visto à luz das perturbações mentais. *Teoria Psicanalítica da Libido. Sobre o caráter e o desenvolvimento da libido* (pp. 81-160). Rio de Janeiro: Imago, 1970.

Abraham, Karl. (1924b). A Influência do Erotismo Oral na Formação do Caráter. *Teoria Psicanalítica da Libido. Sobre o caráter e o desenvolvimento da libido* (pp. 161-173). Rio de Janeiro: Imago, 1970.

Abram, Jan. (2008). Donald Woods Winnicott (1896–1971). A brief introduction1. *The International Journal of Psychoanalysis*, 89(6), 1189-1217.

Antón, D. (2000). *Drogas: conhecer e educar para prevenir*. São Paulo: Scipione.

Baumrind, D. (1966). Effects of authoritative parental control in child behavior. *Child Development*, 37, 887-907.

Beattie, Melodie. (1992). *Codependent No More. How to Stop Controlling Others and Start Caring for Yourself*. Minnesota: Hazelden.

Bento, Victor Eduardo Silva. (2007). Para uma semiologia psicanalítica das toxicomanias: adicções e paixões tóxicas no Freud pré-psicanalítico. *Revista Mal-estar e Subjetividade*, vii(1), 89-121.

Birman, Joel. (2007). Laços e desenlaces na contemporaneidade. *Jornal de Psicanálise*, 40(72), 47-62.

Bleger, José. (1978). *Simbiosis y Ambiguedad*. Buenos Aires: Paidós.

Bronfenbrenner, U. (1996). *A ecologia do desenvolvimento humano: experimentos naturais e planejados*. Porto Alegre: Artes Médicas.

Caldana, R. H. L. (1998). A criança e sua educação no início do século: autoridade, limites e cotidiano. *Temas em Psicologia*, 6, 87-103.

Caratozzolo, Domingo. (1996). *La pareja pasional en la posmodernidad. Del desinterés a la violencia*. Rosario: Homo Sapiens.

Carranza, D. V. V., & Pedrão, L. J. (2005). Satisfacción personal del adolescente adicto a drogas en el ambiente familiar durante la fase de tratamiento en un instituto de salud mental. *Revista Latino-Americana de Enfermagem*, 13, 836-844.

Cursino, E. A. (1999). *Sexualidade, AIDS e drogas: informações, concepções e percepções de alunos e professoras de uma escola de primeiro grau*. (Dissertação de mestrado), Universidade de São Paulo, Ribeirão Preto.

Dias, Elsa Oliveira. (2003). *A teoria do amadurecimento de D. W. Winnicott*. Rio de Janeiro: Imago.

Drumond, M., & Drumond Filho, H. (1998). *Drogas: a busca de respostas*. São Paulo: Loyola.

Eigen, Michael. (2011). *Contact with the Depths*. London: Karnac Books.

Facundo, F. R. G., & Castillo, M. M. A. (2005). Adquisición del uso de alcohol en un grupo de adolescentes mexicanos: el efecto de la relación con amigos. *Saúde Mental, Álcool e Drogas*, 1(2), 1-13.

Fairbairn, W. R. (1941). A revised psychopathology of the psychoses and psychoneuroses. *An object-relations theory of the personality*. New York: Basic Books, 1952.

Fairbairn, W. R. (1943). Repression and the return of bad objects (with special reference to the "war neuroses"). *An object-relations theory of the personality*. New York: Basic Books, 1952.

Fenichel, Otto. (1945). *Teoria Psicanalítica das Neuroses. Fundamentos e Bases da Doutrina Psiocanalítica*. São Paulo, Rio de Janeiro, Belo Horizonte: Atheneu.

Ferenczi, Sandor (1911). O álcool e as neuroses *Obras Completas. Psicanálise* (Vol. 1, pp. 199-204). São Paulo: Martins Fontes, 2011.

Ferros, Lígia. (2003). Jovens, drogas e famílias – uma breve revisão da literatura. *Toxicodependências*, 9(2), 71-83.

Freud, Sigmund. (1887). Remarks on craving for and fear of cocaine. In R. Byck (Ed.). *Cocaine papers by Sigmund Freud*. New York: Meridian, 1975.

Freud, Sigmund. (1898a). A sexualidade na etiologia das neuroses. *Edição Standard Brasileira das obras psicológicas de Sigmund Freud* (Vol. 3, pp. 235-253). Rio de Janeiro: Imago.

Freud, Sigmund. (1905d). Três ensaios sobre a sexualidade. *Edição Standard Brasileira das obras psicológicas de Sigmund Freud* (Vol. 7, pp. 123-230). Rio de Janeiro: Imago.

Freud, Sigmund. (1905e). Fragmento da análise de um caso de histeria. *Edição Standard Brasileira das obras psicológicas de Sigmund Freud* (Vol. VII, pp. 16-115). Rio de Janeiro: Imago.

Freud, Sigmund. (1913j). O interesse científico da psicanálise. *Edição Standard Brasileira das obras psicológicas completas de Sigmund Freud* (Vol. 13, pp. 199-226). Rio de Janeiro: Imago.

Freud, Sigmund. (1914c). Sobre o narcisismo: uma introdução. *Edição Standard Brasileira das obras psicológicas de Sigmund Freud* (Vol. 14, pp. 81-108). Rio de Janeiro: Imago.

Freud, Sigmund. (1914d). História do movimento psicanalítico. *Edição Standard Brasileira das obras psicológicas de Sigmund Freud* (Vol. 14, pp. 18-73). Rio de Janeiro: Imago.

Freud, Sigmund. (1915c). As pulsões e suas vicissitudes. *Edição Standard Brasileira das obras psicológicas de Sigmund Freud* (Vol. 14, pp. 123-144). Rio de Janeiro: Imago.

Freud, Sigmund. (1917e). Luto e melancolia. *Edição Standard Brasileira das obras psicológicas de Sigmund Freud* (Vol. 14, pp. 249-263). Rio de Janeiro: Imago.

Freud, Sigmund. (1923a). Dois artigos de enciclopédia. *Edição Standard Brasileira das obras psicológicas de Sigmund Freud* (Vol. 18, pp. 287-312). Rio de Janeiro: Imago.

Freud, Sigmund. (1928b). Dostoievski e o parricídio. *Edição Standard Brasileira das obras psicológicas de Sigmund Freud* (Vol. 21, pp. 205-227). Rio de Janeiro: Imago.

Freud, Sigmund. (1930a). O mal-estar da civilização. *Edição Standard Brasileira das obras psicológicas de Sigmund Freud* (Vol. 21, pp. 81-171). Rio de Janeiro: Imago.

Freud, Sigmund, & Fliess, Wilhelm (1986). *A correspondência completa de Sigmund Freud para Wilhelm Fliess – 1887-1904*. Rio de Janeiro: Imago.

Fulgencio, Leopoldo. (2011). A ética do cuidado psicanalítico para D. W. Winnicott. *A PESTE: Revista de Psicanálise e Sociedade e Filosofia*, 3(1 & 2), 91-111.

Fulgencio, Leopoldo. (2013). Metodologia de pesquisa em psicanálise na universidade. In F. Scorsolini-Comin & C. A. Serralha (Eds.), *Psicanálise e Universidade: Um encontro na pesquisa*. Curitiba: CRV.

Fulgencio, Leopoldo. (2014). A noção de Id para Winnicott. *Percurso. Revista de Psicanálise*.

Fulgencio, Leopoldo. (2015). Descrição do processo de desenvolvimento emocional do ponto de vista de Winnicott. *Winnicott: um psicanalista do ser* (Vol. sendo preparado para publicação). São Paulo: Concern.

Galduróz, J. C.; Noto, A. R.; & Carlini, E. A. (1997). *IV Levantamento sobre o uso de drogas entre estudantes do 1º e do 2º graus em 10 capitais brasileiras*. São Paulo: CEBRID.

Gianesi, Ana Paula Lacorte. (2002). *Toxicômano? Considerações psicanalíticas sobre a toxicomania, o objeto-droga e o sujeito da psicanálise*. (Dissertação de Mestrado), Universidade de São Paulo, São Paulo.

Glover, Edward. (1932). On the Aetiology of Drug-Addiction. In D. L. Yalisove (Ed.), *Essential Papers on Addiction* (pp. 24-51). New York and London: New York University Press, 1997.

Gomes, Purificacion. (2006). Introdução à Psicoterapia do Casal. *Psicoterapia de Casal*. São Paulo: Casa do Psicólogo.

Greenberg, Jay R., & Mitchell, Stephen A . (1983). *Relações objetais na teoria psicanalítica*. Porto Alegre: Artes Médicas.

Guimarães, Ana Beatriz Pedriali; Hochgraf, Patrícia Brunfentrinker; Brasiliano, Silvia; & Ingberman, Yara Kuperstein. (2009). Aspectos familiares de meninas adolescentes dependentes de álcool e drogas. *Rev Psiq Clín.*, 36(2), 69-74.

Gurfinkel, Decio. (1995). *A Pulsão e Seu Objeto-droga: Estudo Psicanalítico Sobre a Toxicomania*. Petrópolis: Vozes.

Gurfinkel, Decio. (2001). *Do Sonho ao Trauma, Psicossoma e Adicções*. São Paulo: Casa do Psicólogo.

Gurfinkel, Decio. (2007). Adicções: da perversão da pulsão à patologia dos objetos transicionais. *Psyquê*, 11(20), 13-28.

Gurfinkel, Decio. (2011). *Adicções*. São Paulo: Casa do Psicólogo.

Hegenberg, Mauro. (2010). Tipos Psicológicos da Psicoterapia de Casal. *Psicoterapia Breve*. São Paulo: Casa do Psicólogo.

Hjulmand, Knud. (1999). Lista completa das publicações de D. W. Winnicott. *Revista de Filosofia e Psicanálise Natureza Humana*, 1(2), 459-517.

Hjulmand, Knud. (2007). D. W. Winnicott: Bibliography: Chronological and alphabetical lists. *The language of Winnicott: A dictionary of Winnicott's use of words* (2 ed., pp. 363-435). London: Karnac.

Humberg, Lygia Vampré. (2004). *Dependência do Vínculo, uma releitura do conceito de co-dependência*. (Dissertação de Mestrado), Universidade de São Paulo, São Paulo.

Jacobs, Durand F. (1986). A General Theory of Addictions: A New Theoretical Model. In D. L. Yakisove (Ed.), *Essential Papers on Addiction* (pp. 166-183). New York and London: New York University Press, 1997.

Kalina, Eduardo; Kovadloff, Santiago; Roig, Pablo Miguel; Serram, João Carlos; & Cesarman, Fernando. (1999). *Drogadicção hoje: indivíduo, família e sociedade.* Porto Alegre: Artes Médicas.

Klein, Melanie. (1928). Estágios iniciais do conflito edipiano. *Amor, culpa e reparação e outros trabalhos* (1921-1945) (Vol. 1). São Paulo: Imago, 1996.

Klein, Melanie. (1945). O complexo de Édipo à luz das ansiedades arcaicas. *Amor, culpa e reparação e outros trabalhos* (1921-1945). Rio de Janeiro: Imago, 1996.

Klein, Melanie. (1946). Notas sobre alguns mecanismos esquizóides. *Inveja e gratidão e outros trabalhos* (1946-1963) (Vol. 3). Rio de Janeiro: Imago, 1991.

Klein, Melanie. (1952). As origens da transferência. *Inveja e Gratidão e outros trabalhos* (1946-1963). Rio de Janeiro: Imago, 1991.

Knight, R. P. (1937). The Psychodynamics of Chronic Alcoholism. In D. L. Yalisove (Ed.), *Essential Papers on Addiction* (pp. 72-86). New York and London: New York University Press, 1997.

Kohon, Gregorio. (1994). *A Escola Inglesa de Psicanálise.* Porto Alegre: Artes Médicas.

Krystal, Henry. (1929). Self representation and the Capacity for Self Care. In D. L. Yakisove (Ed.), *Essential Papers on Addiction* (pp. 109-146). New York and London: New York University Press, 1997.

Kuhn, Thomas S. (1970). *A estrutura das revoluções científicas.* São Paulo: Perspectiva, 1975.

Laplanche, Jean, & Pontalis, Jean-Bertrand. (1986). *Vocabulário da psicanálise.* São Paulo: Martins Fontes.

Laranjeira, R. (2004). Prefácio. São Paulo: Contexto. In I. P. M. A. Bessa (Ed.), *Adolescência e drogas* (pp. 9-10). São Paulo: Contexto.

Limentani, Adam. (1989). *Between Freud and Klein.* London: Free Association.

Lispector, Clarice. (1993). *Uma Aprendizagem ou o livro dos prazeres.* Rio de Janeiro: Francisco Alves.

Loas, Gwenolé, & Corcos, Maurice. (2006). *Psychopathologie de la personnalité dépendante.* Paris: Dunod.

Maccoby, E., & Martin, J. (1983). Socialization in the context of the family: parent- child interaction. In P. H. Mussen (Ed.), *Handbook of child psychology 4. Socialization, personality and social development* (pp. 1-101). Nova York: Wiley.

Mahler, Margareth S. (1979). *O processo Separação-Individuação.* Porto Alegre: Artes Médicas, 1982.

Marinov, Vladimir *et al.* (2001). *Anorexie, addictions et fragilités narcissiques.* Paris: PUF.

McDougall, Joyce. (1992). *Teatros do Eu.* São Paulo: Francisco Alves.

McDougall, Joyce. (1995). *As Múltiplas Faces de Eros, uma exploração psicanalítica da sexualidade humana.* Sao Paulo: Martins Fontes, 2001.

McDougall, Joyce. (2001). L´économie psychique de l´addiction. *Anorexie, addictions et fragilités narcissiques*. Paris: PUF.

Mendes, F. J. (1999). (1999). Drogadicción y prevención familiar: una política para Europa. *Adicciones*, 11(3), 193-200.

Mitchell, Stephen A., & Black, Margaret J. (1995). *Freud and Beyond*. London: Basics Books.

Nasio, Juan-David. (2000). Que é um caso? In: *Os grandes casos de Psicose*. Rio de Janeiro: Jorge Zahar, 2001.

Nicastri, S., & Ramos, S. P. . (2001). Prevenção ao uso de drogas. *Jornal Brasileiro de Dependência Química*, 2, 25-29.

Nurco, D. N., & Lerner, M. (1996). Vulnerability to narcotic addiction: family structure and functioning. *Journal of Drug Issues*, 26, 1007-1025.

Ogden, Thomas. (2002). A New Reading of the Origins of Object-Relations Theory. *The International Journal of Psychoanalysis*, 83(4), 767-782. doi: 10.1516/lx9c-r1p9-f1bv-2l96

Phillips, Adam. (1988). *Winnicott*. São Paulo: Idéias & Letras, 2007.

Pirlot, Gérard. (2013). *Psicanálise das adicções*. São Paulo: Ideias & Letras, 2014.

Popper, Karl R. (1957). Ciência: conjecturas e refutações. *Conjecturas e Refutações*. Brasília: Universidade de Brasília.

Porchat, Ieda. (2006). A Teoria das Relações Objetais aplicada à Psicoterapia de Casal Psicanalítica. *Psicoterapia do Casal*. São Paulo: Casa do Psicólogo.

Pratta, Elisangela Maria Machado Pratta, & Santos, Manoel Antonio dos. (2006). Reflexões sobre as relações entre drogadição, adolescência e família: um estudo bibliográfico. *Estudos de Psicologia*, 11(3), 315-322.

Radó, Sandor. (1933). The Psychoanalysis of Pharmacothymia. In D. L. Yalisove (Ed.), *Essential Papers on Addiction* (pp. 52-68). New York and London: New York University Press, 1997.

Reale, Diva. (2005). Drogas, redução de danos e direitos humanos: transitando com Winnicott. *Revista Urutágua*, 6.

Recio, J. L. (1999). Familia y escuela: agencias preventivas en colaboración. *Adicciones*, 11(3), 201-207.

Rosenfeld, Herbert. (1968). *Os Estados Psicóticos*. Rio de Janeiro: Zahar.

Rosenthal, Richard J. (1987). The Psychodynamics of Pathological Gambling: A review of the Literature. In D. L. Yakisove (Ed.), *Essential Papers on Addiction* (pp. 184-215). New York and London: New York University Press, 1997.

Sáiz, P. A., González, M. A. P., Jiménez, L. A., Delgado, Y., Liboreiro, M. J., Granda, B., & Bobes, J. (1999). Consumo de alcohol, tabaco y otras drogas y rasgos de personalidad en jóvenes de enseñanza secundaria. *Adicciones*, 11(3), 209-220.

Schenker, Miriam, & Minayo, Maria Cecília de Souza. (2004). A importância da família no tratamento do uso abusivo de drogas: uma revisão da literatura. *Cad. Saúde Pública* (Rio de Janeiro), 20(3), 649-659.

Schenker, Miriam, & Minayo, Maria Cecília Souza. (2003). A implicação da família no uso abusivo de drogas: uma revisão crítica. *Ciência & Saúde Coletiva*, 8(1), 299-306.

Scorsolini-Comin, F., & Serralha, C. A. (Eds.). (2013). *Psicanálise e Universidade: Um encontro na pesquisa.* Curitiba: CRV.

Seibel, S. D., & Toscano Jr., A. (2001). Conceitos básicos e classificação geral das substâncias psicoativas. In S. D. Seibel & A. T. Jr. (Eds.), *Dependência de drogas* (pp. 1-6). São Paulo: Atheneu.

Silveira Filho, D. X. (1995). *Drogas: uma compreensão psicodinâmica das farmacodependências.* São Paulo: Casa do Psicólogo.

Simmel, Ernst. (1929). From Psychoanalytic Treatment in a Sanatorium. In D. L. Yakisove (Ed.), *Essential Papers on Addiction* (pp. 69-71). New York and London: New York University Press, 1997.

Spelman, Margaret Boyle. (2013a). *The Evolution of Winnicott's Thinking: Examining the Growth of Psychoanalytic Thought Over Three Generations.* London: Karnac Books.

Spelman, Margaret Boyle. (2013b). *Winnicott's Babies and Winnicott's Patients: Psychoanalysis as Transitional Space.* London: Karnac Books.

Toscano Jr., A.. (2001). Adolescência e drogas.. In S. D. Seibel & A. T. Jr. (Eds.), *Dependência de drogas* (pp. 283-302). São Paulo: Atheneu.

Tyson, Alan, & Strachey, James. (1956). A Chronological Hand-List of Freud´s Works. *International Journal of Psychoanalysis*, 37(1), 19-33.

Winnicott, Donald Woods. (1945d). Desenvolvimento Emocional Primitivo. *Da Pediatria à Psicanálise: Obras Escolhidas.* Rio de Janeiro: Imago, 2000.

Winnicott, Donald Woods. (1945h). Para um estudo objetivo da natureza humana. *Pensando Sobre Crianças.* Porto Alegre: Artes Médicas, 1997.

Winnicott, Donald Woods. (1953c). Objetos Transicionais e Fenômenos Transicionais (2ª versão). *O Brincar & a Realidade.* Rio de Janeiro: Imago, 1975.

Winnicott, Donald Woods. (1953c [1951]). Objetos Transicionais e Fenômenos Transicionais (1ª versão). *Da Pediatria à Psicanálise: Obras Escolhidas.* Rio de Janeiro: Imago, 2000.

Winnicott, Donald Woods. (1953i). Resenha (escrita com M. Masud R. Khan) de Psychoanalytic Studies of the Personality, de W. R. D. Fairbairn. *Explorações Psicanalíticas: D. W. Winnicott.* Porto Alegre: Artes Médicas, 1994.

Winnicott, Donald Woods. (1954a). A Mente e sua Relação com o Psicossoma. *Da Pediatria à Psicanálise: Obras Escolhidas.* Rio de Janeiro: Imago, 2000.

Winnicott, Donald Woods. (1955c). A Posição Depressiva no Desenvolvimento Emocional Normal. *Da Pediatria à Psicanálise: Obras Escolhidas.* Rio de Janeiro: Imago, 2000.

Winnicott, Donald Woods. (1955d). Aspectos Clínicos e Metapsicológicos da Regressão no Contexto Psicanalítico. *Da Pediatria à Psicanálise: Obras Escolhidas.* Rio de Janeiro: Imago, 2000.

Winnicott, Donald Woods. (1958d). Ansiedade Associada à Insegurança. *Da Pediatria à Psicanálise: Obras Escolhidas.* Rio de Janeiro: Imago, 2000.

Winnicott, Donald Woods. (1958g). A capacidade para estar só. *O Ambiente e os Processos de Maturação*. Porto Alegre: Artmed, 1983.

Winnicott, Donald Woods. (1958j). O primeiro ano de vida. Concepções modernas do desenvolvimento emocional. *A Família e o Desenvolvimento Individual*. São Paulo: Martins Fontes, 1997.

Winnicott, Donald Woods. (1958n). A Preocupação Materna Primária. Da Pediatria à Psicanálise: Obras Escolhidas. Rio de Janeiro: Imago, 2000.

Winnicott, Donald Woods. (1960c). Teoria do relacionamento paterno-infantil. *O Ambiente e os Processos de Maturação*. Porto Alegre: Artmed, 1983.

Winnicott, Donald Woods. (1963d). Moral e educação. *O Ambiente e os Processos de Maturação*. Porto Alegre: Artmed, 1983.

Winnicott, Donald Woods. (1965d). Os objetivos do tratamento psicanalítico. *O Ambiente e os Processos de Maturação*. Porto Alegre: Artmed, 1983.

Winnicott, Donald Woods. (1965j). Comunicação e falta de comunicação levando ao estudo de certos opostos. *O Ambiente e os Processos de Maturação*. Porto Alegre: Artmed, 1983.

Winnicott, Donald Woods. (1965m). Distorção do ego em termos de falso e verdadeiro self. *O Ambiente e os Processos de Maturação*. Porto Alegre: Artmed, 1983.

Winnicott, Donald Woods. (1965n). A integração do ego no desenvolvimento da criança. *O Ambiente e os Processos de Maturação*. Porto Alegre: Artmed, 1983.

Winnicott, Donald Woods. (1965r). Da dependência à independência no desenvolvimento do indivíduo. *O Ambiente e os Processos de Maturação*. Porto Alegre: Artmed, 1983.

Winnicott, Donald Woods. (1965t). Crescimento e desenvolvimento na fase imatura. *A Família e o Desenvolvimento Individual*. São Paulo: Martins Fontes, 1999.

Winnicott, Donald Woods. (1965vc). Provisão para a criança na saúde e na crise. *O Ambiente e os Processos de Maturação*. Porto Alegre: Artmed, 1983.

Winnicott, Donald Woods. (1967b). A Localização da Experiência Cultural. *O Brincar & a Realidade*. Rio de Janeiro: Imago, 1975.

Winnicott, Donald Woods. (1968c). O Conceito de Regressão Clínica Comparado com o de Organização Defensiva. *Explorações Psicanalíticas: D. W. Winnicott*. Porto Alegre: Artes Médicas, 1994.

Winnicott, Donald Woods. (1968i). O Brincar: uma exposição teórica. *O Brincar & a Realidade*. Rio de Janeiro Imago, 1975.

Winnicott, Donald Woods. (1969d). Darão as escolas progressistas excesso de liberdade à criança? Contribuição para a conferência em Darlington Hall. *Privação e Delinquência*. São Paulo: Martins Fontes, 1999.

Winnicott, Donald Woods. (1971b). *Therapeutic Consultations in Child Psychiatry*. London: Hogarth Press & The Institute of Psycho Analysis, 1971.

Winnicott, Donald Woods. (1971d). As Bases para o Self no Corpo. *Explorações Psicanalíticas: D. W. Winnicott*. Porto Alegre: Artes Médicas, 1994.

Winnicott, Donald Woods. (1971f). O conceito de indivíduo saudável. *Tudo Começa em Casa*. São Paulo: Martins Fontes, 1999.

Winnicott, Donald Woods. (1971l). Inter-relacionar-se Independentemente do Impulso Instintual e em Função de Identificações Cruzadas. *O Brincar & a Realidade*. Rio de Janeiro: Imago, 1975.

Winnicott, Donald Woods. (1971q). O Lugar em que Vivemos. *O Brincar & a Realidade*. Rio de Janeiro: Imago,1975.

Winnicott, Donald Woods. (1971r). O Brincar: A Atividade Criativa e a Busca do Eu (Self). *O Brincar & a Realidade*. Rio de Janeiro: Imago, 1975.

Winnicott, Donald Woods. (1971va). Os Elementos Masculinos e Femininos Excindidos [split-off] Encontrados em Homens e Mulheres. *Explorações Psicanalíticas: D. W. Winnicott*. Porto Alegre: Artes Médicas, 1994.

Winnicott, Donald Woods. (1984i). Variedades de psicoterapia. *Privação e Delinquência*. São Paulo: Martins Fontes, 1999.

Winnicott, Donald Woods. (1986f). A cura. *Tudo Começa em Casa*. São Paulo: Martins Fontes, 1999.

Winnicott, Donald Woods. (1986k). Psicanálise e ciência: amigas ou parentes? *Tudo Começa em Casa*. São Paulo: Martins Fontes, 1999.

Winnicott, Donald Woods. (1987a). Introdução (Os bebês e suas mães). *Os bebês e suas mães*. São Paulo: Martins Fontes, 1994.

Winnicott, Donald Woods. (1988). *Natureza Humana*. Rio de Janeiro: Imago, 1990.

Winnicott, Donald Woods. (1989vk). A Psicologia da Loucura: Uma Contribuição da Psicanálise. *Explorações Psicanalíticas: D. W. Winnicott*. Porto Alegre: Artes Médicas, 1994.

Winnicott, Donald Woods. (1989vl). Psiconeurose na Infância. *Explorações Psicanalíticas: D. W. Winnicott*. Porto Alegre: Artes Médicas, 1994.

Wurmser, Leon. (1974). Psychoanalytic Considerations of the Etiology of Compulsive Drug Use. In D. L. Yakisove (Ed.), *Essential Papers on Addiction* (pp. 87-108). New York and London: New York University Press, 1997.

Yalisove, Daniel L. (1997). *Essential Papers on Addiction*. New York and London: New York University Press.

Zinberg, Norman E. (1929). Addiction and Ego Function. In D. L. Yakisove (Ed.), *Essential Papers on Addiction* (pp. 147-165). New York and London: New York University Press, 1997.